Der Geist der Erde

BEISPIEL

Wenn ich 'mal ungeduldig werde,
Denk' ich an die Geduld der Erde,
Die, wie man sagt, sich täglich dreht
Und jährlich so wie jährlich geht.
Bin ich denn für was andres da? –
Ich folge der lieben Frau Mama.

Johann Wolfgang von Goethe, Epigrammatisch

Wolfgang Schad

DER GEIST DER ERDE

Unsere Welt als lebendiges Wesen

Rosenkreuz Verlag

DER GEIST DER ERDE
Unsere Welt als lebendiges Wesen

Zweite Auflage 2024

Rosenkreuz Verlag
Im Sanig 1
57612 Birnbach / Ww

info@rosenkreuzverlag.de
www.rosenkreuzverlag.de

Gesetzt in der Muli und der Kefa II Pro

Buchgestaltung: Christoph Reichelt
Coverfoto: Angela Paap

ISBN 978-3-945115-19-0

Inhalt

Zum Geleit 7

Einleitung 13

Der Blick über die Erde hin 21

Die Gestaltung Europas 27

Ostafrika 35

Die Gestaltung Süd- und Ostasiens 41

Das Geschenk der Jahreszeiten 49

Die Erde in ihren Hüllen 53

Erde und Sonne im planetarischen Kosmos 68

Die Lage der Erde im Fixsternraum 71

Die Milchstraße von jenseits derselben 83

Vom Erdenleben zur Erdenseele 87

Der Geist der Erde 101

Blick in die Moderne 123

Blicke in die Zukunft 143

Ausleitung 166

Literaturverzeichnis 169

Zum Geleit

Es kann geschehen, dass man sich in einen Menschen verliebt, den man schon seit langem kennt. Man hat ihn zu schätzen gelernt, doch dann kam ein Moment, an dem etwas aufbrach, an dem eine Art Kruste zersprang und man von Liebe ergriffen wurde.

Kann Ähnliches auch in unserer Beziehung zur Erde geschehen? Wir leben auf ihr, genauer gesagt in ihr, da die atmosphärischen Schichten auch zu ihr gehören. Sie schenkt uns alles, was uns am Leben erhält. Besitzt sie nicht die Signatur eines Mutterwesens? Könnte es nicht sein, dass eines Tages Krusten unserer Wahrnehmung aufbrechen und wir sie als Seele erfahren, als eine Seele kosmischer Art? Unmittelbar gingen uns dann die Augen auf, durchdränge uns Erkenntnis und würden wir von Liebe ergriffen, einer Liebe, die uns auf eine andere Ebene des Daseins hebt.

Das gliche dem Erwachen aus einem betäubenden Schlaf. Goethes Faust machte eine Erfahrung in dieser Richtung. Nach traumatischen Erlebnissen war er im Wald eingeschlafen. Er erwachte am frühen Morgen – und spürte den Pulsschlag des Lebens, sowohl in sich selbst als auch in der Erde. Es war eine spontane Empfindung, eine Art Ergriffenwerden, das der bewussten Wahrnehmung vorausgeht. Und er sprach, in plötzlichem Erkennen:

Des Lebens Pulse schlagen frisch lebendig,
ätherische Dämmerung milde zu begrüßen.
Du, Erde warst auch diese Nacht beständig
und atmest frisch erquickt zu meinen Füßen.
Beginnest schon mit Lust mich zu umgeben.
Du regst und rührst ein kräftiges Beschließen,
zum höchsten Dasein immerfort zu streben.

Auch Rainer Maria Rilke machte eine Erfahrung dieser Art und brachte sie ebenfalls als Zwiegespräch mit der Erde zum Ausdruck. Er erlebte wie Goethe, dass die Erde etwas vom Menschen erwartet. Die Dinge wollen, so empfand er, im „unsichtbaren Herzen" des Menschen verwandelt werden. Rilke wandte sich der Erde zu:

Was, wenn Verwandlung nicht, ist dein drängender Auftrag?
Erde, du liebe, ich will.

(Neunte Duineser Elegie)

Es gibt zahllose weitere Berichte über Beziehungen zur Erde, bei denen sie als lebendes Wesen erfahren wird. Für die indigenen Völker war dies eine Selbstverständlichkeit. Uns obliegt es, diese Beziehung von neuer Bewusstseinsbasis aus wieder zu entdecken. Erwähnt sei noch Hölderlin, der die Lebenskräfte der Erde, ihre Äther, an vielen Stellen seines Werkes besingt. Er spricht von „glänzenden Götterlüften" (Hyperions Schicksalslied) oder auch von „leicht atmenden Lüften" (Friedensfeier). Spirituelle Lehrer vieler Jahrhunderte haben auf das Ätherische hingewiesen, den unsichtbaren Körper, den jedes lebendige Wesen besitzt, den sogenannten „Lebenskörper".

Die heutige Naturwissenschaft negiert vielfach solche Erwägungen, denn das ist nicht ihr Gebiet, erst recht nicht das Seelische. Sie befasst sich mit der Außenseite der Dinge. Seelische Innenseiten passen in keine physikalische Formel.

Beim Menschen macht die naturwissenschaftliche Medizin eine vorsichtige Ausnahme. Bei ihm gesteht sie zu, dass es eine Wechselwirkung zwischen Seelischem und Körperlichem gibt und hat die Psychosomatik entwickelt. Was aber vermittelt in jedem von uns zwischen Soma und Psyche, zwischen Leib und Seele? Es ist das eigene organische Leben.

Wolfgang Schad regt in diesem Buch an, eine Psychosomatik in Bezug auf die Erde anzustreben. Sein Leben lang hat er die Natur und ihre Lebensformen erforscht und hierzu eine Reihe von Werken veröffentlicht. Im vorliegenden Buch richtet er den Blick auf die Erde im Einzelnen und ebenso als Ganzes. Er beschreibt markante Aspekte dazu und kommt zu dem Ergebnis, dass sich die Erde schon durch ihre äußere Gestaltung als lebendiges Wesen ausweist. Zahllose Einzelaspekte, auf die rechte Weise in Zusammenhang gebracht, zeigen, dass die Erde ein lebendiger Organismus ist.

Schad sieht sich dazu in der Lage durch seine Beschäftigung mit der Anthroposophie und der Geistesart Goethes.

Er deutet darauf hin, dass heute jeder bemerken kann, worin die Erde „erkrankt" ist, und dies durch engstirniges Zutun des Menschen. Goethe prophezeite Derartiges vor über 230 Jahren. In einem Brief an Charlotte von Stein (vom 8.6.1787) sah er voraus, dass „die Welt ein großes Hospital und einer des anderen humaner Krankenwärter werden wird" (s. Manfred Osten, Die Welt, „ein großes Hospital", Göttingen 2021). Die eigentliche Pandemie unserer Zeit, so kann man wohl sagen, ist im Bewusstsein des Menschen angesiedelt, und hier in seiner gestörten Beziehung zur Erde. Schad weist darauf hin, dass all das, was uns heute an militärischem Gerät und an nuklearen Anlagen zur Energiegewinnung zur Verfügung steht, ausreicht, um das Leben auf der Erde vielfach auszurotten. Die Konsequenz ist für ihn: „Für unabsehbare Zeiten der Zukunft liegt nun die Verantwortung für die Existenz und weitere Evolution des Lebens auf den Schultern aller Menschen." Dem Ausspruch Francis Bacons „Wissen ist Macht" setzt Schad die Worte entgegen: „Wissen ist Verantwortung."

Sein Buch führt an neuere Wahrnehmungen und Entdeckungen der Erde heran. „Die Naturwissenschaften [...] brauchen nicht nur zur Bildung des Verstandes zu verhelfen, sondern haben die Potenz in sich, gerade auch zur Bildung der Vernunft beizutragen." Schad weist zum Beispiel auf den Impuls Kants hin, das Denken zu öffnen und es von den abgegrenzten Begriffen, die der Verstand benötigt, zu den Ideen zu führen. „Bei der Idee [...] ist der Bedeutungsumfang wachstumsfähig, kann sich also erweitern. Damit geht Vernunft (von „vernehmen") um, die hierdurch offen und weltfreundlich ist, weil der Weltgehalt sich selbst dauernd verändert."

Die Ordnung der Vernunft überschreitet die des Verstandes, und zwar in Richtung auf eine sonst oft unbewusste oder nur geahnte Tiefenwahrnehmung (oder Höhenwahrnehmung), durch die der Verstand erweitert wird. (s. Jochen Kirchhoff, Die Anderswelt, 2. Auflage, Klein-Jasedow 2002, S. 54)

Ausgehend vom Verstandlichen fragt Schad, woran man denn erkennt, dass etwas lebendig ist. Und er erläutert, dass alles Lebendige schon chemisch immer eine energetische Spannung besitzt und stets den Ausgleich der Spannungsgegensätze betreibt – ohne ihn völlig zu erreichen. Leben oszilliert rhythmisch um Mittelwerte; dadurch geschieht es, dass die vielfältigen Unterschiede sich gegenseitig ergänzen. „Nur in der gemäßigten Mitte besteht [...] die Lebenstauglichkeit." „Das harte Entweder-oder [wird] im Sowohl-als-auch des Lebens mittebildend [...] ineinander gebracht."

Schad beschreibt in diesem Buch im Großen wie im Kleinen, wie dies auch bei der Erde zutrifft. Seine jahrelange Lehr- und Forschungstätigkeit als Evolutionsbiologe an der Universität Witten, seine Reisen in andere Länder und Kontinente und sein Interesse für viele Wissensbereiche ermöglichen es ihm, Dinge in seiner Weise zusammenzuschauen. Wiederholt taucht die Erkenntnis auf, dass das Leben vielfach sich selbst die äußeren Umstände schafft, unter denen es sich entfalten kann.

Die Beobachtung äußerer Fakten deutet auf eine eigenaktive Ordnung des Lebens hin. „Wo Leben auftritt, spielen sich immer ‚Wechselursachenverhältnisse' ein." So auch zwischen Organismus und Umwelt. Schad weist in Bezug auf die Gesteine der Erdrinde darauf hin, dass ein Großteil von ihnen durch die Ausscheidung mineralischer Substanzen von Mikroben entstanden ist, also „biogener Herkunft" ist. Auch die Atmosphäre der Erde, die Schichten der Lufthülle, werden in großem Ausmaß durch Lebensvorgänge mit gestaltet. Die Biosphäre der Erde verschafft eine „existenzielle Geborgenheit". „In der Gesamtwahrnehmung wird deutlich, dass nicht nur die Erde dem Leben die einzige ihm taugliche Hülle im ganzen Sonnensystem gab und gibt, sondern dass ebenso alles Leben selbst diese Lebenstauglichkeit auf ihr ermöglichte und weiter ermöglicht."

An verschiedenen Stellen kommt Schad auf ein wachsendes Wissensgebiet zu sprechen, die „Chronobiologie". Es ist ein Gebiet, das ihm am Herzen liegt. Hierzu hat er 2016 die Schrift „Zeitbindung in Natur, Kultur und Geist" veröffentlicht. „Alles Leben [vollzieht sich] in der Zeitbindung von Vergangenheit, Gegenwart und Zukunft schon innerhalb der permanenten Gegenwart jedes gelebten Augenblicks. Die bloß lineare Zeit [ist] nur eine verräumlichte Vorstellung des Menschen entlang eines geometrisch gedachten eindimensionalen Zeitpfeils und damit ein räumlicher Reduktionismus, also ein entdynamisiertes Ausfallsprodukt der viel fülligeren, wahren Zeit." Die Zeit wird in dieser Sicht zu einem lebendigen, dynamischen Faktor des Lebens.

Jede Gegenwart trägt bereits Zukunft in sich. Das gilt nicht nur für die lebende Natur, sondern auch für die Kulturepochen der Menschheit.

Schad führt auch zu einer mehrgliedrigen Erfahrung von Landschaften. Es gibt die physische, insbesondere geologische Seite. In allen ihren rhythmischen Abläufen „er-leben" wir hierin das Erdleben. Doch in jeder Landschaft gibt es auch einen empfindungsmäßigen Ausdruck der Erdseele. „Der seelisch Sensibilisierte [bemerkt] das Seelenhafte alltäglich in den Naturvorgängen um sich." Der Autor beschreibt Landschaftsstimmungen als „Landschaftsseelenräume". „Woher nehmen wir den Narzissmus, dass der Mensch aus sich allein Seelisches und Geistiges kennt und die ganze Welt um ihn herum (oft unter Einschluss des Mitmenschen) nur ‚gegenständliche' Objekte sind, die uns ‚gegenwärtig' in Distanz ‚gegenüberstehen', oder von uns sogar nur konstruiert werden? Natürlich gibt es dabei die gegenteilige Gefahr, animistisch die Umwelt mit eigenen Subjektivismen zu bevölkern. Beidesmal hilft dagegen nur eins: die unbefangene Erfahrung im Austausch mit Anderen, denen es genauso geht."

In der weiten Perspektive des Anthroposophen schreibt Schad: „Die heutige moderne Gesellschaft ist das Durchgangsstadium zwischen der global zumeist verloren gehenden wundervollen Kindheitsphase der Menschheit und der sich langsam abzeichnenden selbstverantworteten Mündigkeit. Dazwischen liegen für den Einzelnen wie für die Gesellschaft die pubertären Übergänge – notwendigerweise. Diese sind gekennzeichnet von dem Erwachen der vollen Fähigkeit der kritischen Analyse. Doch die Welt besteht nicht nur aus Einzelheiten, sondern ebenso aus ihren Zusammenhängen." Die heilende Therapie „muss im Psychischen ansetzen, um hierin zur Psychosomatik für die Erde zu kommen."

Der tiefste Zusammenhang, aus dem heraus sich die Zukunft der Erde immer entfaltet, ist der Geist der Erde. „Geist [...] ist dort vorhanden, wo sich etwas Unvorhersehbares neu auftut, wo die innovativen Aufbrüche geschehen, wo sich etwas Vorwärtsschaffendes in der Welt bewegt, von wo etwas Erneuerndes ausgeht, eben wo echte Entwicklung geschieht."

Beim Rückblick auf das Ganze kommt Schad auch auf die Frage nach dem Gemeinsamen der Religionen zu sprechen und damit auf eine Geisteshaltung, die für das Überleben auf der Erde notwendig sei. „Die Vorübung dazu ist, auch die Natur mit allem auf der Erde Vorhandenen einzubeziehen." Das heißt nichts anderes, als sich auch dem Geist der Erde zu nähern, über alle engen Horizonte hinweg. Es gilt, „das Irdisch-Allzuirdische ins Geistig-Göttliche geheilt mitzunehmen." In den großen Zusammenhang gehört auch die Menschwerdung Christi: Der „Dualismus zwischen zeitloser Ewigkeit und linearer Zeitlichkeit [wird dadurch] aufgelöst".

Dieses Buch weist uns auf die „Mitwelt" hin, und in ihr auf die „Mitpflanze", das „Mittier", den „Mitmenschen", auf die „Du-Evidenz". Ermöglichen uns Flüchtlingsströme nicht die persönliche Begegnung und damit die Erkenntnis der Würde des anderen? Ein Wort aus Goethes Faust scheint Richtschnur gewesen zu sein für Schads Arbeit: „Denn wo Natur im reinsten Kreise waltet, / ergreifen alle Welten sich."

Eigentlich hatte Wolfgang Schad vorgehabt, seinen Vortrag, den er in einem Symposium der Stiftung Rosenkreuz zum Geist der Erde gehalten hatte, zu einer Mehrautorenpublikation hinzuzufügen. Stattdessen hat er dieses Buch verfasst. Ein Glück. Das Buch ist ein Augenöffner. Denken weitet sich und mündet in Hoffnung.

Gunter Friedrich, 18.3.2022

Einleitung

Das Erwachen des abendländischen Geistes fand bei den ersten griechischen Naturphilosophen noch vor Sokrates nicht im Mutterland, sondern interessanterweise in den Küstenstädten der griechischen Kolonien in Kleinasien und Unteritalien statt. Pherekydes von Syros, Thales und Leukipp von Milet und Pythagoras von Samos standen noch auf der Wasserscheide zwischen dem mythischen und dem logischen Bewusstsein. In ihrer Geometrie war die vollkommenste Form der Kreis bzw. die Kugel, denn deren Peripheriepunkte sind alle gleich weit von ihrem Mittelpunkt entfernt. Auf solchen idealen Kreisbahnen bzw. Kugelschalen wandern alle Sterne samt Sonne und Mond, also sind sie bewohnt von den Repräsentanten der Vollkommenheit – von den Göttern.

Dieses antike und mittelalterliche Weltbild mit seinen Ideen geometrisch vollkommener Planetenbahnen zerbrach nicht an Kopernikus (1473-1543), sondern an den Entdeckungen von Johannes Kepler (1571-1630). Er fand 1605, dass die Planeten sich nicht in idealer, nämlich rein *gleichmäßiger* Geschwindigkeit auf idealen Kreisbahnen bewegen, sondern sich *ungleichförmig*, mit wechselnden Geschwindigkeiten, auf Ellipsenbahnen bewegen. Ihm war sofort bewusst, dass er damit den Kosmos entgöttert hatte, und er soll heiße Tränen darüber vergossen haben.

In solch geschichtlich so umwälzenden Zeiten fand Kepler 1605 bis 1618 die nach ihm benannten drei Planetengesetze, die er 1619 in seinem umfassenden Werk der „Weltharmonik" (*Harmonices mundi*, Liber 1-5) 52-jährig drucken ließ. Damit hatte er die räumliche Geometrie der Planetenbahnen um die Sonne erstmals mathematisch beschrieben und aufdecken können, was Isaac Newton schon 1687 zur physikalischen Himmelsmechanik der Planetenbahnen führte. Kepler war von seinen Entdeckungen so überrascht, dass er die Erde mit allen ihren Eigenschaften als einen Leib auffasste, der einem Lebewesen zugehört, ja selbst eine eigene Erdenseele besitzt.

So heißt es in den „*Harmonices mundi*" (Buch 4, Kap. 7):

> *Was ist nun vollends ähnlicher der Atmung der Landtiere und besonders der Tätigkeit der Fische, die mit dem Maul das Wasser einziehen und es durch die Kiemen wieder ausstoßen, als jenes merkwürdige halbtägige An- und Abschwellen des Meeres?*
>
> *(Kepler 1973; s.a. Hemleben 1971)*

Anlass war für ihn also auch die halbtägige Erscheinung von Ebbe und Flut. Anfang 1618 schrieb er an seinen Freund Johann Matthias Wackher von Wackhenfels, Rat des Kaisers Matthias I. in Prag:

> *Wenn ich ein Heide wäre und von der Christenlehre nichts gehört hätte, so würde ich sagen: Auf dieser prächtigsten Kugel des ganzen Weltalls ist der rechte Zufluchtsort für uns und alle Wackher-Seelen.*
>
> *(Baumgart 1953)*

Das hatte schon hundert Jahre vorher Leonardo da Vinci erlebt und gedacht:

> *Denn wie der Mensch aus Erde, Wasser, Luft und Feuer zusammengesetzt, dieser Körper der Erde ist desgleichen. Wenn der Mensch in sich Knochen hat, Stützen und Armatur des Fleisches, - die Welt hat das Gestein, Stützen der Erde; wenn der Mensch in sich den See des Blutes, wo die Lunge im Atmen wächst und abnimmt, der Körper der Erde hat sein ozeanisches Meer, das, auch dieses, wächst und abnimmt, alle sechs Stunden, beim Atmen der Welt; wenn von besagtem See des Blutes Adern entspringen, die, sich verzweigend, durch den menschlichen Leib gehen, gleicherweise füllt das ozeanische Meer den Leib der Erde mit ungezählten Wasseradern.*
>
> *(Herzfeld 1906)*

Leonardo hatte dies, wie alle seine schriftlichen Aufzeichnungen in Spiegelschrift, also rechtslinks-vertauscht, auf Italienisch verfasst, wohl um von seinen Zeitgenossen nicht so leicht entzifferbar zu sein. Wie aber war es Kepler mit seinen lateinisch verfassten Werken ergangen? Im Mai 1619 erreichte ihn aus Prag ein Schreiben des kaiserlichen Leibarztes Quietanus Remus, dass sein „Grundriss der kopernikanischen

Astronomie" (*Epitome astronomiae Copernicanae*, 1. Teil, 1617) in Rom auf den Index der verbotenen Bücher gesetzt worden war. Im Sommer des gleichen Jahres teilte ihm kurz nach Erscheinen seiner „Weltharmonik" das württembergische Konsistorium der evangelischen Kirche den endgültigen Ausschluss vom Abendmahl mit (Baumgardt 1953). Ein Jahr vor dem Ausbruch des Dreißigjährigen Krieges fand Kepler sein drittes Planetengesetz (Erenz et al. 2012). Es war die Zeit des scheinreligiösen Fanatismus, in der Kepler selbst jahrelang um das Überleben seiner Mutter bei der Obrigkeit kämpfen musste, da sie, als Hexe denunziert, verbrannt werden sollte.

Wie mit den Frauen ist die theologische Wut mit der ganzen Natur umgegangen. Aus der Göttin Natura der frühen Scholastik ist in der späten Scholastik die verführerische *frouwe werlt* gemacht und die Flucht ins Jenseits propagiert worden. Goethes lebenslanges Anliegen war die Überwindung dieses kulturellen Spaltungsirreseins zwischen Diesseits und Jenseits:

> *...die Natur ist doch das einzige Buch, das auf allen Blättern großen Gehalt bietet.*
> *(Ital. Reise II, 9.3.1787).*

Die bloßen Theisten und bloßen Atheisten können mit dieser Erdenfrömmigkeit nichts anfangen. Und so waren und sind es beide, die die jetzigen Ökokatastrophen mit der Gefährdung allen Lebens auf der Erde mit verursacht haben. Wir beziehen Goethe hier auch deshalb mit ein, weil er wie Leonardo und Kepler aus ähnlichen Beobachtungen die gesamte Erde als Lebewesen erneut entdeckt hat. In seinem Alter hatte er sich verstärkt der Wetterkunde zugewandt und fast täglich die Wolkenbildungen und an seinem Barometerglas den Luftdruck beobachtet. Dabei entdeckte er, dass trotz allem Wetterwechsel der Luftdruck von einer täglich doppelten Luftdruckwelle überlagert ist: Die Erde hat in ihrer Atmosphäre (dem „Dunstkreis") also ihre durchgängigen Atemzüge. Eckermann hat berichtet, was Goethe ihm während eines gemeinsamen Ausflugs um Weimar erzählt hat:

> *Ich denke mir die Erde mit ihrem Dunstkreis gleicherweise als ein großes lebendiges Wesen, das im ewigen Ein- und Ausatmen begriffen ist. Atmet die Erde ein, so zieht sie den Dunstkreis an sich, so dass er in die Nähe ihrer Oberfläche*

herankommt und sich verdichtet bis zu Wolken und Regen. Diesen Zustand nenne ich die Wasserbejahung; dauerte er über alle Ordnung fort, so würde er die Erde ersäufen. Dies aber gibt sie nicht zu; sie atmet wieder aus und entlässt die Wasserdünste nach oben, wo sie sich in den ganzen Raum der hohen Atmosphäre ausbreiten und sich dergestalt verdünnen, dass nicht allein die Sonne glänzend herdurchgeht, sondern auch sogar die ewige Finsternis des unendlichen Raumes als frisches Blau herdurch gesehen wird.

(Zu Eckermann, 11. April 1827)

43 Jahre später stand ein Navigationsmathematiker namens Wilhelm Heinrich Preuß (1843 – 1909) in einer klaren Frühjahrsnacht am Ufer der Weser kurz vor ihrer Einmündung in die Nordsee, als die Eisschicht des Flusses auftaute und aufbrach. Er war 1870 gerade an die Seemannsschule von Elsfleth / Bremerhaven frisch berufen worden, um die Kapitäne auszubilden. Hier hatte er ein sein Leben bestimmendes Erlebnis:

Ich stand in einer dunklen, aber ganz klaren Winternacht an der Weser. Auf der Erde lag Schnee und im Strom trieben große Eisschollen den Fluss hinunter. Der Himmel war übersät mit Tausenden von leuchtenden Sternen, und kein Lüftchen regte sich. Es war, als wollte der Himmel uns seine Schönheit in ihrer höchsten Pracht zeigen. Im Anschauen der Natur versunken bemerkte ich, wie auch die Eisschollen ihre Wanderung einstellten, als wollten sie den Anblick des Sternenhimmels in Ruhe mitgenießen. Nicht lange darauf aber setzten sie sich wieder in Bewegung, aber diesmal nicht den Fluss hinunter, sondern sie trieben stromaufwärts, weil inzwischen die Flut eingesetzt hatte. In der Tat war es in diesem Augenblick, als fühlte ich den majestätischen Pulsschlag der Erde, deren eine Arterie der große Strom bildete.

Plötzlich kam es über mich wie Erleuchtung – die Erde lebt, hat gelebt und lebt noch. Der Anfang aller Dinge liegt im Organischen, welches das Primäre ist, das Sekundäre aber ist das Unorganische, dessen Dasein erst durch das Organische möglich wurde. – So ganz bestrahlt von der Herrlichkeit der Nacht.

(Preuß 1980, S. 281)

Aus diesem Erlebnis entstand 12 Jahre später sein Hauptwerk „Geist und Stoff. Erläuterungen des Verhältnisses zwischen Welt und Mensch nach dem Zeugnis der Organismen“ (1882), in welchem er durchgängig die Priorität des Lebendigen vertrat.

Wir haben uns erlaubt, von jenen vier Großen, die die Erde als Lebewesen in der Neuzeit entdeckt haben, den jeweiligen Wortlaut zu bringen, weil er weitgehend vergessen worden ist, bis 1909 Rudolf Steiner darauf aufmerksam gemacht hat (GA 58). Im Laufe des 20. Jahrhunderts immer wieder neu entdeckt, ist der Austausch darüber heute schon in vieler Munde (Bargatzky 1978, Lovelock 1988) und führt zu einer neuen Praxis mit der Erde, die die Engländer schon als *Geomedicine* bezeichnen. 100 Jahre vor Keplers Entdeckungen war die Erde als Ganzes erstmals wahrgenommen worden: 1492 hatte Kolumbus Amerika entdeckt, 1497 Vasco da Gama die Südspitze Afrikas umsegelt und Indien erreicht, und 1521 hatten die Schiffe Magellans erstmals die Erdkugel vollständig umfahren. Das Zeitalter der großen Entdeckungsreisen hatte die Erde als Ganzes zur Anschauung gebracht. Können wir heute nach 500 Jahren mit all unseren neueren Kenntnissen noch besser beschreiben, dass die Erde ein Lebewesen ist? Die jetzige Naturwissenschaft hält dafür tatsächlich eine Fülle von Entdeckungen bereit, oft ohne es zu wissen oder eben doch. So können wir schon hier vorab kennzeichnen, was die funktionellen Grundvorgänge des Lebens sind. Wir bemerken vier:

- Lebende Substanz ist immer energiereich gegenüber toter Substanz und dadurch potenziell reagibel, also permanent energetisch funktionsfähig. Es besteht mithin immer eine energetische Spannung in ihr.
- Leben betreibt immer zugleich den Ausgleich der Spannungsgegensätze, jedoch ohne zum völligen energetischen Ausgleich zu kommen, worin ja der Tod und die Verwesung bestehen.
- Indem das Leben seine Spannung nicht neutralisiert, sondern gemäßigt aufrechterhält, bringt es die Unterschiede in sich zur gegenseitigen Ergänzung, zur Kooperation und teilweisen Kompensation.
- Wie kann es denn sein, dass das Leben jene beiden begrifflichen und faktischen Gegensätze – die Assimilation beim Aufbau von Spannung und die Dissimilation

bei deren Abbau – gleicherweise betreibt? Seine Antwort ist: Es gibt keinen physiologischen Wert, der nicht oszilliert, das heißt: den rhythmischen Wechsel zwischen beiden Abläufen vorführt. Rhythmus ist dabei nie Takt (die Wiederholung des exakt Gleichen), sondern die Wiederholung des Ähnlichen. Kein Herzschlag ist – genau gemessen – dem vorigen ganz gleich. „Ein gesundes Herz tanzt, ein krankes Herz marschiert." (Goldberger 1987) Die Rhythmenwerte sind im Leben immer variabel; sie oszillieren um Mittelwerte, die selbst wieder in einer gemäßigten Bandbreite oszillieren.

Der Blick über die Erde hin

Es seien unter diesen Gesichtspunkten nun zuerst allgemein bekannte Tatsachen neu geschildert. Zwei Drittel der Erdoberfläche ist von den Ozeanen bedeckt und nur ein Drittel von der Landfläche der Kontinente und Inseln. Meer und Land sind also nicht ausgeglichen, sondern im Ungleichgewicht über die Erdkugel verteilt. Es gibt eine landreiche und eine wasserreiche Erdhälfte. Auf unseren eurozentrischen Weltkarten sehen wir leider gar nicht, wie riesig der Pazifik ist. Die Kontinentmassen liegen vorzüglich in der Nordhemisphäre, die Ozeanweiten vermehrt auf der Südhemisphäre. Die Gestalt Afrikas demonstriert diesen Gestus vorbildlich: nördlich breit, südlich schmaler. Auch Südamerika und Vorder- wie Hinterindien verschmälern sich nach Süden. Es liegt also auch eine unausgewogene Spannung zwischen der Nord- und der Südhalbkugel vor, ebenso wie zwischen der afrozentrierten und der afrikafernen Erdhälfte mit dem großen Pazifik.

Aber der Ausgleich ist auch da: Im nördlichsten Bereich der so landbetonten Nordhemisphäre liegt kein Land, sondern das Polarmeer. Im südlichsten Bereich der Südhalbkugel liegt gerade kein Meer, sondern der Antarktis-Kontinent. Die Extreme sind somit gemäßigt, ohne voll ausgeglichen zu sein. – Denkt man sich die Erdkugel durchsichtig und besieht dann in der Vorstellung die Größe und Form des Polarmeeres und die Gestalt der Antarktis, so passen sie nahezu nahtlos aufeinander. Die entferntesten Gegensätze, die Polgegenden, gehören offensichtlich trotz ihrer extremen Entfernung zusammen, indem sie sich ergänzen. Hier ist der Ausgleich zwischen Wasser- und Landflächen schon gelungen, während er zwischen der landreichen und der wasserreichen Erdhälfte noch im Gange ist.

Die Hauptmassen der Kontinente lagen einst im Erdaltertum auf der Südhemisphäre unterhalb des Äquators und umfassten gegen Ende dieses sogenannten Paläozoikums, zur Zeit des Perms, die komplette Konzentration aller Kontinente in einem einzigen Gesamtkontinent, der Pangäa, inmitten eines gewaltigen, die gesamte

Abb. 1: Der blaue Planet, beim Rückflug von Apollo 17 vom Mond aus aufgenommen. Auch Afrika verschmälert sich auf der Südhalbkugel, so dass hier die Ozeanflächen vorherrschen. Doch am Südpol liegt eisbedecktes Land (Wikimedia Commons, wahrsch. Harrison Schmitt).

Abb. 2: gegen Ende des Erdaltertums, vom Devon und Karbon bis zum Perm schoben sich alle Kontinente zusammen und bildeten so einen einzigen Gesamtkontinent: die Pangäa (aus: Schad 1992).

Abb. 3: Noch heute zeigt die gegenüberliegende Seite der Erdkugel ihre größte Wasserfläche: den Pazifik (Google Earth).

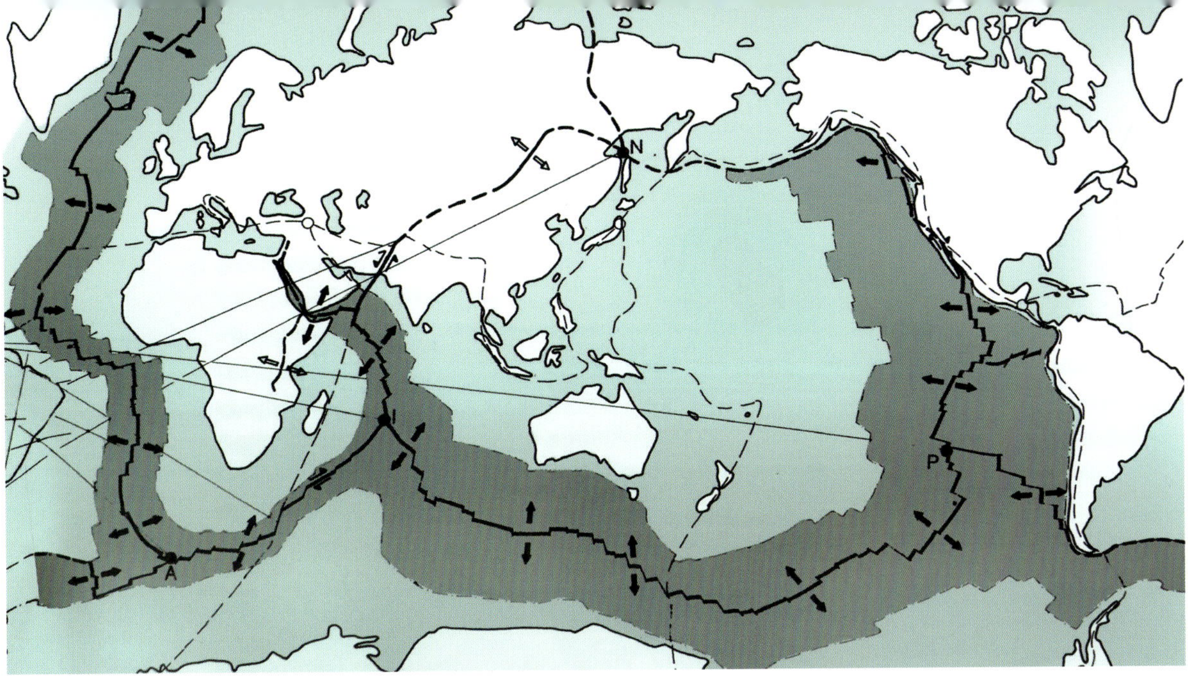

übrige Erdkugel bedeckenden Riesenozeans – eine extreme Polarisierung auf dem Globus (Abb. 2, 3).

Im Laufe des anschließenden Erdmittelalters, des Mesozoikums, brach Pangäa in mehrere Teil-Kontinente auseinander, die vom vorwiegend ruhenden Zentralkontinent Afrika zum Ausgleich des so riesigen Stillen Ozeans nach allen Richtungen abwanderten. Dadurch wurde der Zentralkontinent selbst immer kleiner, während der Atlantik, der Indik und der circumantarktische Meeresringstrom sich öffneten (Abb. 4).

Abb. 4: Im Erdmittelalter und in der Erdneuzeit lösen sich vom Zentralkontinent Afrika alle anderen Kontinente ab, so dass sich der Urpazifik verkleinert und die anderen Ozeane entstehen. (Nach: Schmutz 1986, S.25).

Doch auch Afrika war nicht völlig in Ruhe, sondern wanderte langsam nordwärts, wodurch das werdende Europa und das sich von Afrika abspaltende Vorderindien nach Norden gedrückt wurden, sodass mit dem Beginn der geologischen Neuzeit, des Neozoikums, an den entstehenden Druckzonen die Faltengebirge z.B. der Alpen, der Karpaten, des Kaukasus und des Himalajas aufquollen und sich auf diese Weise langsam das heutige Antlitz der Erde ausgestaltete. (Abb. 5)

Es war der Marburger Meteorologe Alfred Wegener (1880-1930) gewesen, welcher 1912 die ersten Belege dieser Kontinentverschiebungen vorlegte. Die Fachgeologie blieb noch 40 Jahre lang skeptisch, allein schon, weil er vom Fach her kein Geologe, sondern Wetterkundler war. Rudolf Steiner begrüßte damals sofort Wegeners 1915 erschienenes Buch der Kontinentalverschiebungstheorie (Kipp 1980), weil sie erstmals den bisherigen Fixismus, die Kontinente hätten im Laufe der Erdgeschichte immer fixiert dort gelegen, wo sie sich heute befinden, überwand. Steiner riet 1923

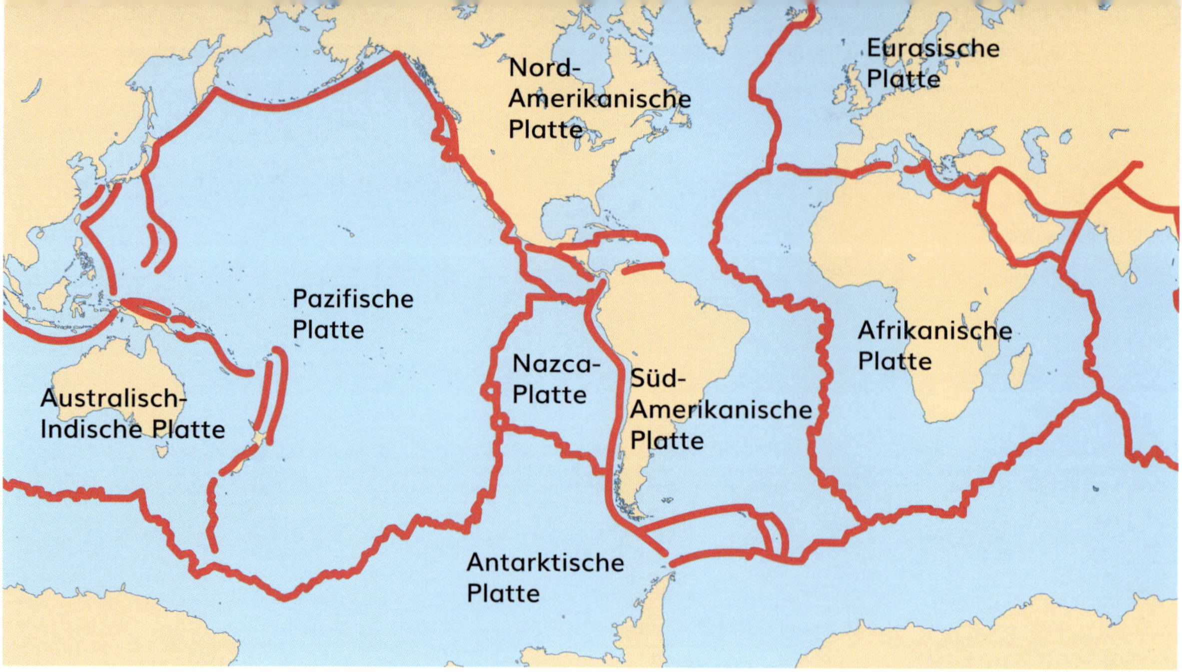

Abb. 5: Heute lassen sich zwölf gegeneinander bewegliche Platten der Erdrinde identifizieren. Ihre Dehnungs- und Pressungsränder sind als rote Linien eingezeichnet (Karte: Wikicommons).

sogleich nach der Gründung der ersten Waldorfschule in Stuttgart, bei der Einführung der Geologie in der Oberstufe vom Schwimmen der Kontinente zu berichten (GA 300/III:42f.). Heute können wir mit der Satellitentechnik messen, dass sich der Atlantik immer noch öffnet und der Ausgleich zwischen den Land- und Wassermassen weiterhin im Gange ist. New York entfernt sich von Hamburg pro Jahr um 2 cm; das sind 2 m in 100 Jahren, 2 km in 100.000 Jahren, 20 km in 1 Million Jahren. Die festen Kontinentplatten müssen also in der Tiefe der Erdrinde auf einem halbflüssigen Untergrund schwimmen, sodass sich die Kontinente verschieben können. Der Fixismus war überwunden.

Außerordentlich reiche Kenntnisse und Erkenntnisse hat die Geologie des 20. Jahrhunderts von der Tektonik der Erdrinde inzwischen zusammengetragen. Ein regelrechter „Kreislauf der Gesteine“ mit dauernd sich abwechselnder Bildung und Wiedereinschmelzung der oberen in die tieferen Schichten der Erdrinde zeigt eine solche Dynamik, dass der führende amerikanische Geologe Raymond Siever (1987) sie mit den Worten zusammenfasste:

> *Man wird die Erde sich daher wohl mehr und mehr als einen hoch differenzierten Organismus vorstellen müssen: als ein so komplexes System, dass durch Beschränkung auf einfache Kräfte und Massenzusammensetzung die wunderbare Vielfalt und der Detailreichtum, die sich auf der Erdoberfläche direkt beobachten und im Erdinnern erahnen lassen, nicht zu begreifen sind.*

ARCTIC OCEAN
Svalbard (Norge)
Barenčovo more
Pečorskoe more
Denmark Strait
Norwegian Basin
Norwegian Sea
North Sea
GREAT BRITAIN
Nordsee
Celtic Sea
ATLANTIC
OCEAN
Black Sea
Kara Deniz
Mar Tirreno
Mar Ionio
Iónion Pélagos
Mer Méditerranée
Mediterranean Sea
TUNISIYAH
(ALGÉRIE)
Tarābulus

Abb. 6 (vorige Seite): Das Höhenprofil Gesamteuropas. Die atmosphärisch starke Illustration aus dem Studio von H.C. Berann gibt ein Gefühl für die größeren räumlichen Gegebenheiten unseres Lebensraumes (©2022, mit freundlicher Unterstützung Falk Verlag, D-73760 Ostfildern).

Abb. 7 (oben): Das Höhenprofil Mitteleuropas (vergrößerter Ausschnitt aus Abb. 6).

Die Gestaltung Europas

Überall auf der Erde gilt das Grundgesetz der Geographie, dass das Besteigen eines Berges klimatisch – und damit auch pflanzengeographisch – das Gleiche ist, als ob man in der Ebene zu einem der Pole wandert. Alexander von Humboldt fand und formulierte dieses Grundgesetz der Pflanzengeographie, nach seinen Gesprächen mit Goethe an der Universität Jena (16. – 20.4.1795), als ihm auf seiner anschließenden Südamerika-Reise (1799-1804) die Besteigung des Chimborazo, eines hohen Berges in den Kordilleren Ecuadors von 6.272 m Höhe gelungen war: Von der Palmenzone am Fuße dieses Bergriesen bis zu den Gipfelzonen mit ewigem Schnee durchstieg er die Abfolge von Pflanzengesellschaften, als ob er vom Äquator bis zum Nordpol gereist wäre (Abb. 8).

Der erste Waldorf-Botaniker Gerbert Grohmann brachte es einmal in das klassische Bild der Erdkugel, die aus zwei Maximalbergen besteht, die mit ihren rundlichen Basen aufeinander stehen:

> *Fassen wir unsere Betrachtungen über die Metamorphose der Vegetation vom Pol zum Äquator einerseits, vom Hochgebirge in das Tiefland andrerseits dadurch zusammen, dass wir die Erde mit zwei riesenhaften Bergen vergleichen, die mit ihrer Basis aufeinander gesetzt sind. Die beiden Pole sind dann die Schneegipfel der Berge, am Äquator berühren sie sich. (Grohmann 1929).*

Man stelle sich nun vor, die Alpen mit den höchsten Berggipfeln Europas lägen mehr nordwärts in Schleswig-Holstein und an der Stelle unserer Nord- und Ostseeküste: Die dortigen Winter und das Gebiet nördlich davon wären grausam kälter (Abb. 7). – Oder es läge entsprechend umgekehrt die norddeutsche Tiefebene an der Stelle der heutigen Alpen: Die mediterrane Hitze allein schon der Po-Ebene Italiens würde im Sommer unbehindert weit nach Mitteleuropa hereinströmen. Doch es geschieht nur sehr selten, dass in Süddeutschland sich rötlicher Saharastaub von den Sandstürmen der größten Wüste der Erde so weit nach Norden bei uns ablagert.

Abb. 8: Alexander von Humboldt fand bei der Besteigung des Chimborazo (6.263 m) in den Kordilleren Ecuadors am Äquator von den Tropen bis zur Eiskuppe alle Klimazonen der Erde und entdeckte so das pflanzengeographische Grundgesetz 1804 (Universitätsbibilothek der HU Berlin).

Aber nicht nur die Alpen sind es, die den Saharaeinfluss zurückhalten, sondern sogleich die ganze Größe des Mittelmeeres zwischen Europa und Afrika, sonst wäre die Hitze noch viel heftiger. Durch das dazwischenliegende viele Wasser wird die lebensfeindliche Hitze der Passat-Windzone, des Wüstengürtels der Erde, hier abgekühlt und europawärts verträglich gemacht. Gäbe es außerdem auch nicht die Pyrenäen, die Kleinen und Großen Karpaten samt den Balkangebirgen, so hätten wir jeden Sommer den Saharasandstaub bis weit nach Mitteleuropa hinein.

Umgekehrt ist die Lebensgefahr polarer Kälte im nördlichen Europa einzigartig abgemildert durch den Golfstrom, den Warmwasser-Meeresstrom aus dem Golf von Mexiko, welcher quer über den Nordatlantik die gesamte steile Gebirgsküste Skandinaviens, eben das westliche Norwegen, erreicht und sie bis zum Nordkap ganzjährig eisfrei hält (Abb. 9). Das auf gleicher geographischer Breite im Nordwesten gelegene Grönland, das einstige „Greenland", ist hingegen hochgradig vereist. Es liegt dabei in Norwegen das breiteste und höchste Bergmassiv, Jotunheimen mit dem Glittertind (2.481 m), gerade im südlichen Drittel des Landes. Und nicht im nördlichen Drittel, wo es sonst noch viel kälter wäre! (Abb. 10)

In Skandinavien droht aber von Osten her die sibirische Inlandkälte, die nur teilweise vom Ural zurückgehalten wird. Doch das Höhenprofil Norwegens und Schwedens senkt sich von Westen nach Osten bis über ganz Finnland ab. Hinzu kommt zusätzlich die Ostsee, die durch die Aufnahme und Speicherung der sommerlichen Sonnenwärme in Nordeuropa die anschließende Winterkälte besser erträglich hält. Gerade die drei Meeresbusen der Ostsee – der Bottnische nach Norden und der Finnische und Riga'sche Meeresbusen nach Osten hin – mäßigen die besondere Kältegefahr gerade dort, wo sie am meisten droht, wobei gerade der nördlichste der größte und der südlichste der drei am kleinsten ist (!). So wirkt dieses nahezu tidenlose „Binnenmeer" der Ostsee durch die schmale Meeresenge des Skagerraks fast abgeschnitten im Nordosten Europas ähnlich gegen eine zu starke Vereisung, wie das im Westen fast abgeschnittene Mittelmeer im Süden des Kontinents gegen die Überhitzung. Wasser gleicht immer aus.

Abb. 9: Aus dem subtropischen Golf von Mexiko fließt der Golfstrom als Warmwasserstrom quer über den Nordatlantik bis nach Skandinavien und hält Norwegens Westküste bis zum Nordkap eisfrei. (Wikicommons)

Wasser temperiert immer. Dabei ist gerade das nordöstlichste Skandinavien, Finnland, noch flacher und niedriger gebaut als Schweden oder gar als Norwegen, und ist zugleich das sogenannte „Land der tausend Seen"; Finnland enthält sogar mehrere tausend Seen. Nordrussland ist wenigstens etwas temperiert durch das von Norden eindringende Weiße Meer. Welch ein Glück für Europa!

Abb. 10: Das Höhenprofil und die besondere Wasser-Land-Verteilung Nordeuropas (Ausschnitt aus Abb. 6).

Beachten wir nun auch die West-Ost-Gliederung. Europa liegt in der Zone vorherrschender Westwinde. Sie bringen das über dem Nordatlantik von der Sonne aufgesogene Wolkenwasser über das Land und bewässern es damit. Doch ein Zuviel wird schon von den westlich vorgelagerten regenreichen Inseln – zuerst von Irland und dann von England mit Schottland – abgefangen, ebenso innerwärts von der Westkante der deutschen Mittelgebirge mit deren vielem „Steigungsregen": Jedes Gebirge lässt ankommende Wolken nach oben steigen und damit abkühlen und abregnen. Bis nach Osteuropa ist so viel abgeregnet, dass es zum zunehmend trockenen, „kontinentalen" Klima mit seinen heißen Sommern und schon recht kalten Wintern kommt. Wodurch wird beides abgemildert? Von dort, woher die Austrocknung aus dem Süden droht. Genau dort gibt es die Meeresflächen des Schwarzen und des Kaspischen Meeres!

Sehen wir uns dazu die Südkante Europas mit ihren drei in das Mittelmeer hineinragenden großen Halbinseln an. Als Halbinsel gilt eine Landformation, wenn mehr als die Hälfte ihres Umfanges Küste ist. Und weil Wasser immer die Temperaturextreme auszugleichen in der Lage ist, besitzen diese südlichen Halbinseln eine wirkungsvolle Kühlung durch das Mittelmeer, in das sie hineinragen. (Abb. 11)

Hinzu kommt der dortige West-Ost-Gradient. Die westliche Halbinsel, die noch direkt an den Atlantischen Ozean angrenzt und dadurch von dort noch viel Regen erhält, ist der auffällig kompakt gebaute Iberische Schild mit Portugal und Spanien.

Abb. 11: Die drei großen Halbinseln Südeuropas und ihre variierte Wasser-Land-Verteilung im West-Ost-Gradienten (Ausschnitt aus Abb. 6).

Er besitzt nun seinerseits ein relativ meerfernes Landesinneres, das aber letztlich nicht allzu weit weg vom regenspendenden Atlantik und Mittelmeer liegt.

Der östlicher gelegene italienische Stiefel hingegen ist sehr viel schlanker gebaut und ist deshalb weniger dem nach Osten zunehmenden kontinentalen Klima ausgeliefert, weil es nirgends vom Land zum Meer weit ist. Das südliche Italien, wo die Hitze Afrikas am ehesten zu spüren ist, verzweigt sich zusätzlich in seine Stiefelspitze, den Stiefelabsatz und den Stiefelsporn des Monte Gargano, und zwar am nördlicher gelegenen Sporn etwas weniger und an der am südlichsten gelegenen, schlanken Stiefelspitze am meisten! So nimmt die enge Meer-Land-Verschränkung gerade hier noch weiter zu.

Die im Osten gelegene Balkanhalbinsel ist an ihren Südrändern mit der Chalkidike, Attika und dem Peloponnes in besonders zahlreiche Zipfel aufgereisert. Sie lassen samt dem Golf von Korinth so viel Meer in das Land hineindringen, wie das Land ins Meer hineinragt. Und nicht nur hier, in dem mit vermehrter Trockenheit bedrohten Südosten Europas, besteht diese wundervoll verstärkte Meer-Land-Verschränkung, sondern erst recht noch in den zahlreichen Inselketten des Ägäischen Meeres: den Kykladen und Sporaden. Die antiken Phönizier und Griechen waren dort sogleich versierte seefahrende Völker. Kein Wunder, dass einst jeder Grieche beim Anblick des Meeres in den Freudenruf „Thálatta! Thálatta!“ (das Meer) ausbrach.

Auch der nicht nur nach Süden, sondern auch nach Osten zunehmende Gebirgsreichtum der Halbinseln Südeuropas sorgt für eine größere Regenhäufigkeit und temperiert so das Großklima. Geht man noch weiter nach Osten in den eigentlichen Bereich des trockenen Kontinentalklimas Südrusslands und Südsibiriens, so sind es das große Schwarze Meer, das Kaspische Meer und auch noch der Aralsee, welche die Gefahr regelrechter Wüstenbildung, wie sie erst in der Wüste Gobi Innerasiens voll zur Geltung kommt, osteuropaweit zur Steppenvegetation mildern. –

Sieht man sich auch noch die begleitenden Inseln genauer an, so ist Spanien nur von den wenigen östlich gelagerten Balearen begleitet, Italien von den drei auffällig großen Inseln Korsika, Sardinien und Sizilien samt Malta. Die Ägäis aber enthält die hundertfältige Steigerung an kleinen Inseln von Samothrake bis Kreta und von Korfu bis Zypern, wo der Atlantikeinfluss ja längst weitgehend ausgeregnet ist.

Somit stellt sich ganz Europa als ein staunenswert organismisch gestalteter, eigener, also klimatisch relativ ausgewogener, selbstständiger Kontinent dar, der mehr ist als ein westliches Anhängsel des großen Asiens, indem er alle Kennzeichen des gemäßigten Ausgleichs, wie sie jedem Organismus zukommen, vorführt. Nirgends auf der Erde liegt die Anbaugrenze von Getreide und Obst so weit nach Norden vorgeschoben wie in Europa, nämlich bis Mittel-Finnland. Hamburg und New York haben das gleiche Durchschnittsklima, obgleich New York viel südlicher, nämlich auf der geographischen Breite von Neapel liegt! Die nordamerikanische Ostküste wird ja von dem hochnordischen, nach Süden vom westlichen Grönland her vorstoßenden Labradorstrom so gekühlt, wie Nordeuropa vom aus dem Golf von Mexiko stammenden Golfstrom gewärmt wird. Es ist allein schon ein Naturgeschenk, in Europa und in seiner Nähe leben zu können.

Abb. 12: Der afrikanische Kontinent. Man beachte die Oberflächengestaltung Ostafrikas um den Äquator (Mapswire).

Ostafrika

Ist diese geographische Begünstigung Europas, ein besonders lebensfreundlicher eigener Kontinent zu sein, auf der Erde einmalig? Gibt es ähnliche Mäßigungen auch anderswo? Sofort wird man sich die Hochgebirgslandschaften am Äquator fragend ansehen: die Bergwelt Indonesiens und die Kordilleren Ecuadors. Doch besonders gilt ein solcher Ausgleichsgestus auch für das tropische Hochland und Bergland Ostafrikas.

Es lohnt, sich jeweils die dortige Erdgeschichte anzusehen. So sehr Afrika weitgehend der ruhige Kontinentblock inmitten der Abdriftbewegungen der anderen Kontinente war, so blieb es doch nicht nur dabei. Damals, im Erdmittelalter, riss Pangäa an vielen Stellen auseinander. In diesen Rissen senkte sich das auseinandergezerrte Land grabenmäßig tief ein. In diese Grabenbrüche flutete irgendwann das Weltmeer ein und begann, sich dort zu neuen Ozeanen zu verbreitern. Wir sprachen schon davon als den Ausgleichsvorgängen im Erdmittelalter, die den Atlantik und Indik entstehen ließen. Viel später, in der Erdneuzeit, begannen solche Grabensenkungen erneut. Wir haben heute noch in Europa die Folgen sichtbar vor Augen: Zwischen dem südlichen Schweden und dem südlichen Norwegen riss ein neuer Graben von Lillehammer bis Oslo auf; das Meer bedeckt heute südlich davon einen Teil dieses „Mjösengrabens" (Abb. 13). Dieser setzt sich, oberflächlich unsichtbar, unter den Eiszeitschottern Dänemarks und Norddeutschlands nach Süden fort und tritt südlich von Hannover im Tal der Leine als der „Leinegraben" bis Göttingen deutlich in Erscheinung, schon vom Zug aus an den

Abb. 13: Vom Tal des Mjösasees bei Lillehammer in Südnorwegen durch das westliche Mitteleuropa bis ins Rhônetal Südfrankreichs zieht sich der Mjösengraben seit der frühen Erdneuzeit und setzt sich untermeerisch durch das Mittelmeer, nach Osten versetzt, als Jordangraben weiter nach Süden bis ins östliche Südafrika fort (Zeichnung: W. Schad).

begleitenden, stehengebliebenen, seitlichen Hügelketten gut zu sehen.

Er durchzieht weiter das oberhessische Bergland, dort allerdings oft überdeckt von zahlreichen, aus dem tiefen Riss später nach oben gequollenen Vulkanbergen wie zum Beispiel dem Habichtswald, dem Meißner, dem Knüll, der Rhön und dem Vogelsberg, um in der Senke der Wetter – der Wetterau –, der Frankfurter Bucht und in der gesamten, langen oberrheinischen Tiefebene als „Oberrheingraben" erst zwischen dem Odenwald und der Hardt, dann zwischen Schwarzwald und Vogesen bis hinter Basel drastisch sichtbar zu werden. Nordwestlich bei Freiburg quoll aus dem tiefen Riss der Kaiserstuhl vulkanisch nach oben. Das untere Ende dieses langen Grabens kann man vom Blauen im Südschwarzwald oder vom Gempen bei Dornach bei gutem Wetter in seiner ganzen Breite bestens überschauen. Der Graben setzt sich in Frankreich durch die Burgundische Pforte, das Doubs- und Saônetal, als der „Rhônegraben" bis zum Rhônedelta ins Mittelmeer fort: ein Riss durch fast das ganze mittlere Europa, wobei im Oslograben sich schon der Beginn einer neuen Meeresbildung abzeichnet. Im Tertiär, also der frühen Erdneuzeit, war dieser gesamte Grabenbruch schon einmal vom Meer bedeckt gewesen, wie die reichen Meeresfossilien an seinen Rändern heute noch erzählen, so zum Beispiel im Mainzer Becken oder den tertiären Strandablagerungen nördlich des Bodensees, wo man noch heute Haifischzähne, also Zähne reiner Meeresfische, finden kann.

Der gleiche Vorgang hat – zeitgleich damit – auch das ostafrikanische Bergland hervorgebracht: Im Mittelmeer räumlich untermeerisch nach Osten versetzt, beginnt südlich vom östlichen Ausläufer des Taurusgebirges in Kleinasien ein gewaltiger Grabenbruch, der durch Syrien und Israel („Totmeergraben") in das Rote Meer mündet, ja dieses überhaupt hervorgebracht hat. Ab Äthiopien springt er ins ostafrikanische Inland hinein und verzweigt sich in zwei große Grabenbruchsysteme östlich und westlich des größten Süßwasser-Binnensees der Erde, des Viktoria-Sees, heute besser Nyanza-See genannt. Weiter im Süden nähern sie sich wieder einander und klingen im Njassa-See (heute Malawi-See) Südostafrikas aus. Das Ganze ist der keimhafte Beginn eines künftigen Ozeans zwischen Südwestasien und dem Kerngebiet von Afrika! (Abb. 13, 14)

Im Zuge dieses Zwischenzustandes zwischen beginnendem Grabenbruch und neuer Meeresbildung stiegen – wie der Kaiserstuhl im Oberrheintal – vulkanisch die höchsten Berge Afrikas als einzelne Inselberge an den Rändern der inneren Grabenbrüche auf: in Kenia der Mount Elgon (4321 m) und der Mount Kenia (5199 m), in Tansania als höchster der Kilimandscharo (5895 m) und zwischen Uganda und dem Kongobecken die Ruwenzori-Gebirgskette (5119 m). Es sind so junge Gebirge und Grabenbrüche, dass die Geographen heute vom Jordan im Totmeergraben als dem jüngsten Fluss der Erde und vom Kilimandscharo als vom jüngsten großen Berg der Erde sprechen. Sie sind nämlich erst im nachtertiären Pleistozän, also in der Eiszeitperiode entstanden. Gerade der Gipfel des Kilimandscharos, der Kibo, ist deswegen höher als seine Nachbarberge, weil er nicht die Zeit bekam, etwa so wie der Mount Kenia, auf seinen harten, spitzen Schlot heruntergewittert zu sein. Beim Jordangrabeneinbruch um 30° Nord und bei der Bildung des Kilimandscharo 3° südlich des Äquators hat der Homo erectus während der Urgeschichte der Menschheit nachweislich schon zugesehen, wie die Funde von Steinwerkzeugen demonstrieren (Schad 1996).

Alle fossilen Skelettreste der Menschheit, die aus der Vergangenheit vor mehr als 2 Millionen Jahren stammen, wurden nur im tropischen und subtropischen Afrika gefunden. Hier fand die Geburt der Menschheit statt. Ihr frühester

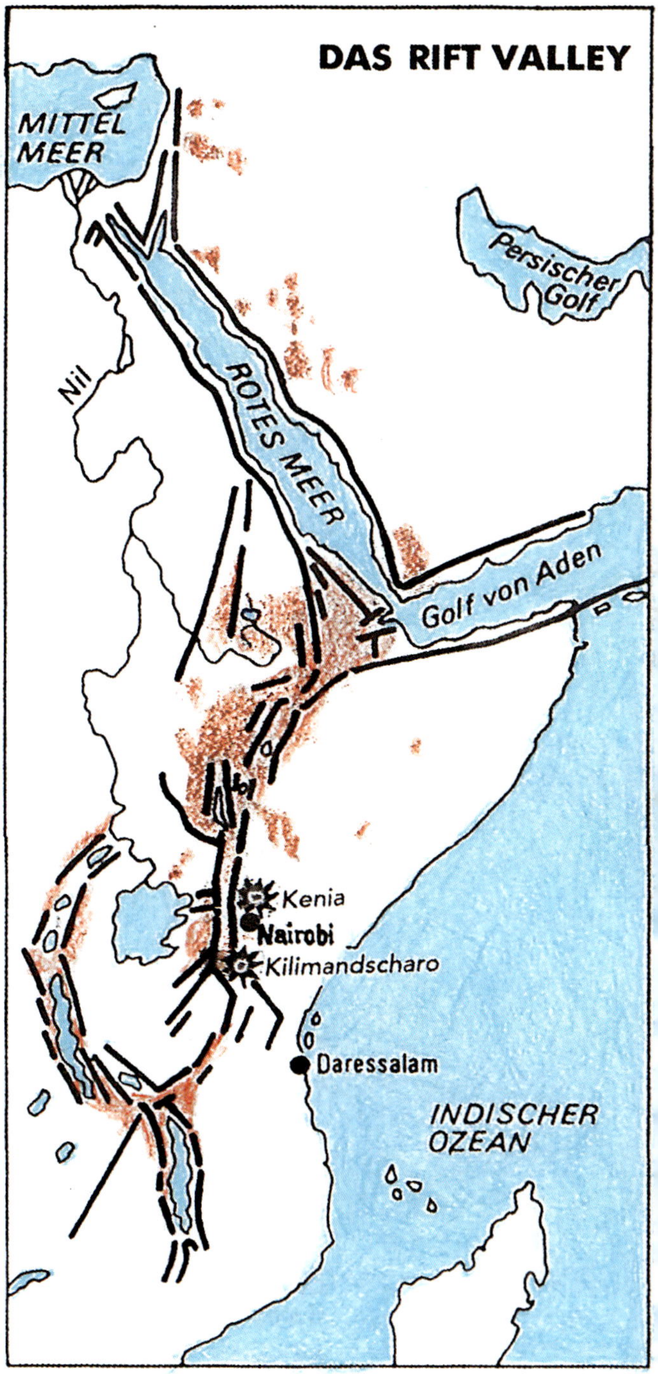

Abb. 14: Das ostafrikanische Grabenbruchsystem, das Rift Valley, teilt sich um den Viktoriasee, heute Nyanzasee, in einen westlichen und einen östlichen Arm mit deutlichen Landschaftsunterschieden (aus: Schad 2001, S. 33).

Nachweis, am Tschadsee in der südlichen Sahara, liegt heute bei 7 Millionen Jahren (der Sahelanthropus tschadensis). Hier im afrikanischen Kontinent stand ihre Wiege und hier verlebte sie die Wanderzeit ihrer wunderbaren Kleinkindheit (Schrenk 2008, Schad 2001).

Wie hat die Erde sie in Empfang genommen? Das erlebt noch heute jeder, der eine Führung auf den Kibo, den Gipfel des Kilimandscharo, schafft: drei Tage hoch und zwei Tage zurück. Unten liegt die heißtrockene Massaisteppe. Dann gelangt man in die tropische Vegetationszone, begegnet also im Aufstieg den ersten Kaffeeplantagen und Bananenpflanzungen. Dann setzt der feuchttriefende Bergurwald in der Wolkenregion ein. Darüber kommt eine Bergheide mit einer besonderen Pflanzenwelt bis zu übermannshohen Gebüschen, in der sich die dem Kilimandscharo eigenen Pflanzenarten mit solchen der Kap-Flora vom Südkap Afrikas (Proteagewächse) und mit solchen der Flora Eurasiens (z.B. Adlerfarn) mischen. Dann wird die Heide immer dürftiger, die Pflanzen werden immer kleiner, eben zu Hochgebirgsarten. Darüber gibt es nur noch Moos und zuletzt nur noch Krustenflechten auf dem Lavagestein, bis die Wände des ewigen Gletschereises da sind, die die breite Gipfelkuppe bedecken. Wie lange noch? Im Zuge der globalen Klimaerwärmung durch die moderne Luftvergiftung schmolz die Eiskappe des Kibo in den letzten 50 Jahren rasant dahin – ein globaler Klimaanzeiger. Von dort oben sieht man tief unten die Spiegelflächen der abflusslosen Seen in den Grabenbrüchen Ostafrikas aufglänzen.

Wozu dieser ausführliche Bericht? Der Leser wird vermutlich schon gemerkt haben, dass der höchste Berg Afrikas das Humboldt'sche Gesetz der Pflanzengeographie besonders eindrucksvoll vorführt. Aus einer Ebene von 1000 m Höhe über dem Meeresspiegel erhebt sich dieser jugendliche Inselberg in einem Zuge um weitere 5000 m auf knapp 6000 m Höhe. Er und alle niedrigeren Nachbarberge bieten hier im gesamten ostafrikanischen Bergland alle Klimata der Erde an, samt den vielen Salz- und Süßwasser-Seenketten in den abflusslosen geologischen Gräben, den „Rift Valleys". Die Menschheit ist in einer Landschaft „zur Welt gekommen", die in einem überschaubaren Raum universell alles anbot, woraus sich der Mensch in seiner Universalität an Landschaften auswählen konnte, wessen er im Laufe seiner Entwicklung potentiell bedurfte. Und auch viele Ebenen Ostafrikas liegen hoch genug, dass ein außerordentlich lebensfreundliches, gemäßigtes Klima herrscht. Man muss die Landschaften um den Victoria-See mit dazunehmen. Der junge Churchill war von der paradiesischen Schönheit Ugandas begeistert (Churchill 1908). Anderswo in Afrika prallen die Gegensätze weit mehr aufeinander.

Abb. 15: Die drei großen Halbinseln Südasiens in ihrem West-Ost-Gradienten, sowie die gesamte rhythmische Küstengestaltung Ostasiens (Mapswire).

Die Gestaltung Süd- und Ostasiens

Wir sagten schon: Alles Leben besteht in der variablen Wiederholung. In der Wiederholung geschieht der Wiedereinbezug des schon Gewesenen in die Gegenwart, in der Variabilität vollzieht sich ergänzend in jeder Periode immer auch der neuartige Einbezug der offenen Zukunft in die Gegenwart. Die Gegenwart des Lebens besteht also in der Zusammenführung aller drei Zeiten in die permanent sich fließend entwickelnde Gegenwart durch den Rhythmus zwischen Wiederholung und Erneuerung. Davon sind auch seine räumlichen Bildungen geprägt. Wo finden wir geographische Wiederholungen in der räumlichen Gegenwart?

Wir nannten oben die Abfolge der drei Südhalbinseln Europas in ihrer sich abwechselnden Gestaltung. Die Südseite des so viel größeren benachbarten Asiens weist erstaunlicherweise eine deutlich ähnliche Gestaltung auf. Die westlichste süd-asiatische Halbinsel ist der arabische Block, wie Spanien einfach und eckig gebaut. Und so wie Spanien durch die Pyrenäen nach Norden abgegrenzt ist, so der arabische Schild im Norden durch die türkische Taurusgebirgskette und die persische Zagrosgebirgskette. – Schon etwas schlanker gegliedert ist das nach Süden hin zugespitzt gebaute Vorderindien. Wie Italien durch die Alpenkette mit den höchsten Bergen Europas, so ist das mittlere Südasien durch den Hindukusch und den Himalaja als den höchsten Bergen Asiens, ja der ganzen Erde, nach Norden abgeriegelt. Und so wie am Südende des italienischen Stiefels die große Insel Sizilien liegt, so an der Südspitze Indiens die große Insel Ceylon = Sri Lanka. Gerade hier herrscht wieder der größere Meereseinfluss. – In Hinterindien strömen nun die Gebirgsketten wie auf der Balkanhalbinsel großräumig von Norden nach Süden, wobei sie sich hier wie dort in schlanke Ausläufer und eine außerordentlich reiche Inselwelt – dort in die Ägäischen Inseln, hier in die Insulinde Indonesiens – auflösen, wozu wir noch die reichen Inselwelten Melanesiens und Polynesiens im Südpazifik hinzunehmen können. Und wie im südlichen Mittelmeer Europas die relativ große Insel Kreta liegt, so tief im Südosten ganz am Rande

Abb. 16: Die gesamte rhythmische Küstengestaltung Ostasiens (aus Haefke 1957).

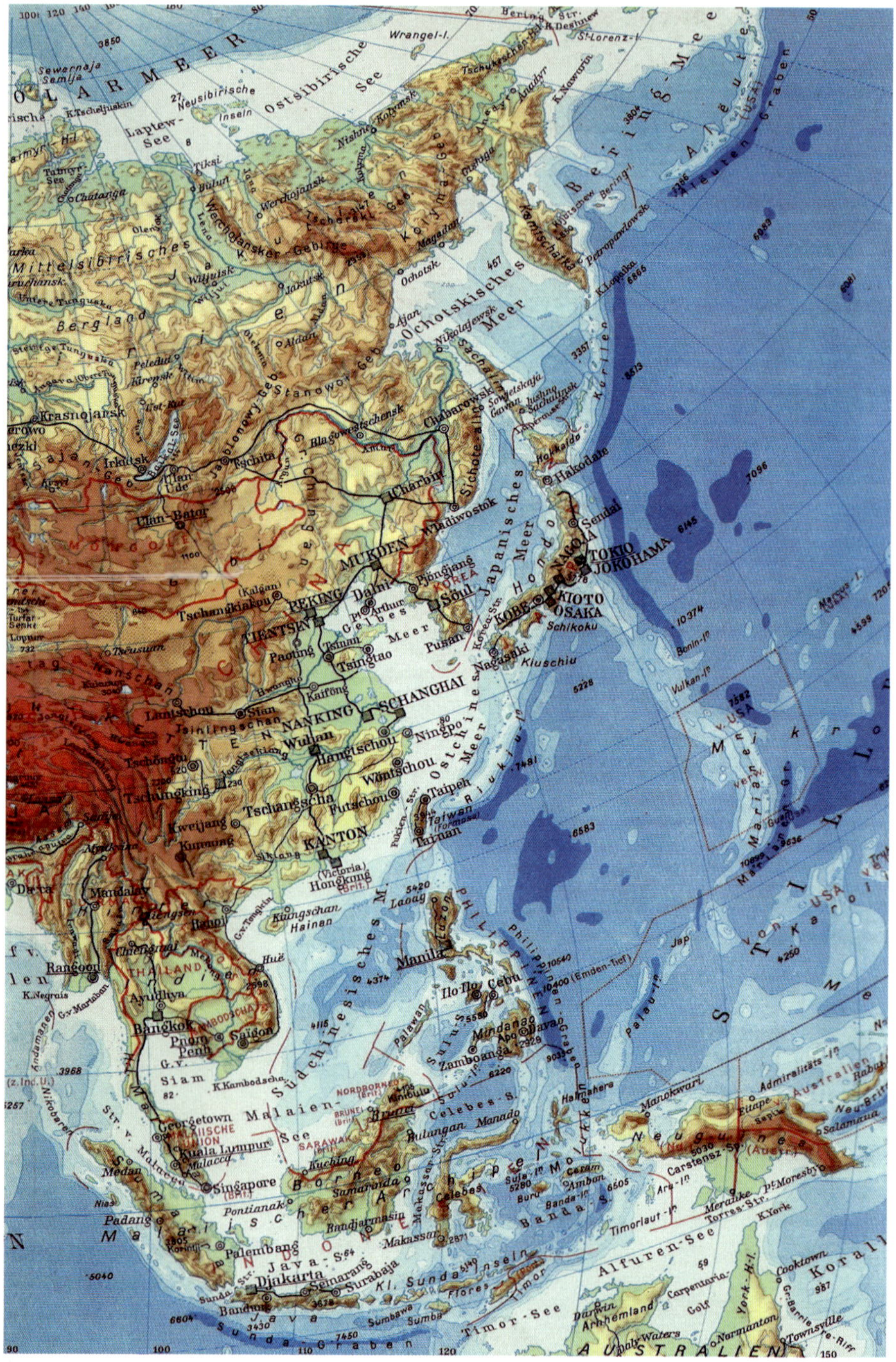

der kleine Kontinent Australien als ein Anhängsel ganz Asiens. – Wir treffen so auf ein Wiederholungsmotiv in jeweils drei Ausprägungen, das vieles zu bestaunen, zu entdecken und zu bedenken gibt. (Abb. 15)

Ein noch zahlreicheres Wiederholungsmotiv zeigt die gesamte Küstenflanke Ostasiens. Ja, das Motiv beginnt schon im nördlichsten Pazifik mit der Alaska-Halbinsel, die sich in die gebogene Girlande der Alëuten-Inseln fortsetzt, welche das Beringmeer im Süden umfassen. Es schließt sich westlich das nordöstliche Sibirien an, von welchem sich die lang ausgezogene Kamtschatka-Halbinsel nach Süden erstreckt, um ihrerseits sich in die Inselgirlande der Kurilen fortzusetzen (Abb. 16).

Im gesamten Küstenverlauf Ostasiens wechseln nun Konkavität und Konvexität der großen Küsten viermal einander ab. Dadurch bilden sich, außer dem schon genannten Beringmeer, das Ochotskische Meer, das Japanische Meer, das Gelbe Meer, das Südchinesische Meer und der Golf von Siam heraus. Sie werden jeweils pazifikwärts eingefasst von den Alëuten, Kurilen, den Japan-Inseln, den Ryūkyū-Inseln, den Philippinen samt Palawan und dem Gebirgsverlauf Borneos – ein Thema mit fünf Variationen.

Das Auffallende ist außerdem, dass alle diese Inselketten pazifikwärts parallel von ebenso girlandenförmig gebogenen Tiefseegräben begleitet werden. Im Marianengraben, östlich des Philippinengrabens, liegt sogar die tiefste Stelle der Weltmeere (-11.092 m). Er wird westlich begleitet von der Inselgirlande der Marianen mit ihren größeren Inseln Guam und Saipan.

Diese extremen vertikalen Spalten in den Ozeanböden weisen darauf hin, dass hier besonders tiefe Risse in der Erdrinde vorliegen. Und so wird verständlich, warum entlang aller dieser Inselketten hohe tektonische Spannungen bestehen, so dass sie unter extremer Erdbebenhäufigkeit und vielen Vulkanausbrüchen stehen. Gerade auch Japan ist für Kernkraftwerke deshalb geologisch schlichtweg untauglich, wie die Katastrophe von Fukushima gezeigt hat.

Die konvex-konkaven Girlandenformen dieser „Schwachstellen" der Erdrinde machen ihrerseits auf folgende Wirkungen in der Erdrinde aufmerksam: Man denke sich einen plastischen Gummiball. Wenn man ihn irgendwo eindrückt, entstehen nicht gerade, sondern rundlich gebogene Dellenränder. So wird auch die Erdkugel beim Druck von außen mit ihren zähplastischen tieferen Schichten der Erdrinde (das sogenannte „Sima", da außer viel Silizium auch viel Magnesium enthaltend) mit der Bildung bogenförmiger Gebirgs- und Grabenketten reagieren.

Dabei darf man sich daran erinnern, dass der Erdglobus genau genommen keine exakte Kugel ist, sondern durch die Eigenumdrehung der Erde am Äquator bauchiger und an den Polen abgeplattet ist, also die Gestalt eines Rotationsellipsoids hat. Sieht man sich die Gestaltung ganz Ostasiens an, so bemerkt man, dass die Gebirgs- und Inselgirlanden zum Nordpol hin klassisch ausgebildet sind, während sie zum Äquator hin, siehe die Philippinen, und besonders mit Borneo wenig bis gar nicht mehr in Erscheinung treten. Es ist wohl der Abplattungsdruck der Nordpolarregionen gewesen, welcher besagtes Gestaltungsmuster hervorgerufen hat. Wenn dem so ist, so darf man erwarten, dass sich in Südpolnähe Ähnliches findet, und das sind die sich gegenüberliegenden ostwärts gebogenen Spitzen des südlichsten Südamerikas und der nördlichsten Halbinsel der Antarktis. Zwischen ihnen liegt eine drastisch bis zu Südgeorgien und den Südsandwich-Inseln lange, enggebogene Inselkette. Ihre Auslenkung nach Osten deutet zusätzlich an, dass diese Bogenbildung unter der Wirkung der Erdumdrehung gestanden hat.

Diese mechanistische Erklärung in kausalen Wirkketten lässt zurückfragen, wieso das Ganze dann ein Hinweis auf etwaige Lebensvorgänge der Erde sein kann. Dazu darf man sich an sich selbst klarmachen, dass es zur Hochleistung des Lebens gehört, die physikalische Mechanik in seine Gestaltungen mit einzubeziehen, funktionieren doch auch die Bewegungen unserer Gliedmaßen nach den Hebelgesetzen. Das Umgekehrte indessen ist noch nie beobachtet worden: dass die Gesetze der toten Welt von sich aus das Leben zustandebringen können. Die Vermutung einer „Urzeugung" ist bis heute spekulativ, da bis jetzt noch nie ein sich autonom unbegrenzt fortpflanzender Stoffwechsel experimentell erzeugt werden konnte.

Zum anderen darf man sich, wenn es hier um eine Grundsatzdebatte geht, klarmachen, dass alle ermittelten Kausalursachen die Frage immer hinterlassen, was denn für jene selbst hinwiederum die Ursachen waren. Das ist in der Praxis ein nie zum

Abschluss kommender rückblickender Processus infinitus. Jedes ermittelte ursächliche Vorher lässt nach dem Vorher des Vorhers fragen – mit Betonung auf „jedes". Kausalerklärungen sind deshalb nie vollständig, sondern immer zeitlich ausschnitthaft.

In unserem Falle der Erde schließt sich so die Frage nach dem Vorher der Drehimpulsenergie ihrer Eigenrotation sofort an. Sie stammt sicherlich aus der gemeinsamen Rotation aller Planeten zusammen mit der Sonne, die alle die gleiche Drehrichtung um sich selbst wie auch die Sonne selbst haben. Also entstammen sie einer gemeinsamen Drehbewegung. (Nur Pluto nicht, der die umgekehrte Drehrichtung besitzt, also nicht unserem planetarischen System entsprungen sein kann, sondern wohl später in den Anziehungsbereich der Sonne von außen hinzugekommen ist.)

Nun kann man immer weiter zurückfragen. Wie weit ist aber das Adverb „immer" zeitlich zurück berechtigt? Wenn ja, so müsste die Zeit prinzipiell unendlich weit zurückreichen. Das ist im Denken zwar möglich, aber nicht den beobachtbaren Tatsachen nach. Alle Vorgänge in der physikalischen Welt laufen nur ab, wenn ein Ausgleich von unterschiedlichen Energieniveaus hin zu stabilen Gleichgewichten stattfindet. Hätte den physikalischen Vorgängen eine unendliche Zeit der Vergangenheit zur Verfügung gestanden, so müssten ja längst alle Energiedifferenzen ausgeglichen worden sein, und es dürfte sich nichts mehr regen. Dass dies nicht der Fall ist, zeigt die ganze ungeheure Dynamik der gegenwärtigen Natur. Auch die Urknallhypothese hilft da nicht weiter, denn woher kommt dann die ganze geballte Energie des Universums vor seiner Konzentration? Natürlich aus der Zusammenziehung des vorherigen Universums, das wiederum einer gewaltigen Ausdehnung entstammte – ad processum infinitum. So gelangt heute die astronomische Kosmogonie in ihren mutigsten Spitzenvertretern zu einem rhythmisch oszillierenden Verlauf sich abfolgender Universen. Die Alternative wäre, und sie hat der kürzlich verstorbene Stephen Hawking, einer der Väter der Urknallhypothese, noch selbst vorgeschlagen, dass die Zeit als solche selbst erst einst entstanden ist und einst wieder vergehen kann. Damit begegnet er Schilderungen Rudolf Steiners, der von vier sich abfolgenden Äonen gesprochen hat, denen noch weitere, aber auch nicht beliebig viele, folgen werden (GA 13, Kap. 4).

Hinzu kommen die Entdeckungen der über die Physik und physikalische Chemie hinausreichenden modernen Chronobiologie, die mit der Entdeckung der Hetero-chronie, der „Verschiedenzeitlichkeit", in allen Organismen bemerkt, dass alles Leben in der Zeitbindung von Vergangenheit, Gegenwart und Zukunft schon innerhalb der permanenten Gegenwart jedes gelebten Augenblickes sich vollzieht (Schad 2016). Dann ist die bloß lineare Zeit nur eine verräumlichte Vorstellung des Menschen entlang eines geometrisch gedachten eindimensionalen Zeitpfeils und damit ein Reduktionismus, also ein entdynamisiertes Ausfallsprodukt der viel fülligeren, wahren Zeit. Die lebendige Tatsache der Zeitbindung findet sich ebenfalls schon in der Schilderung Steiners (GA 13, S. 170) gerade von der Frühzeit des planetarischen Kosmos (Stichwort „Alter Saturn"), die eben deshalb auch heute noch anwesend ist.

Die heutige Astronomie kennt seit 1965 etwas von der gegenwärtigen Anwesenheit frühester fassbarer Zustände des Universums als die „kosmische Hintergrundstrahlung" (s. Th. Schmidt 2004, S. 271, 355). Die Einstein'sche Relativitätstheorie und die Bohr-Heisenberg'sche Quantentheorie sind jeweils auf ihre Weise auf die Notwendigkeit einer Erweiterung des alten, linearen Zeitbegriffs gestoßen. Hier bedürfen wir bei der Annäherung an die Weltwirklichkeit, in der wir leben, offensichtlich der Multiperspektiven. Ein einziger, in der linearen Zeit ablaufender Gedankenfaden allein reicht schon deswegen nicht hin, weil er dann eben auch nur in der linearen Zeit gedacht wurde. Doch die wirkliche = wirksame, lebendige Zeit ist dankbarerweise fülliger. Dass die füllige Zeitbindung nicht nur die lebende Natur beherrscht, sondern auch jegliche Kulturepoche und somit die menschliche Gesellschaft selbst betrifft, findet sich schon 1915 bei Steiner (GA 159, 15.06.1915) sowie 1942 bei dem Nationalökonom und Kulturphilosophen Wilhelm Röpke (s.a. Schad 2010).

Dieses Intermezzo ins moderne naturwissenschaftliche Gedankenleben hat uns mit der Entdeckung des prinzipiell rhythmischen, nicht nur taktmäßigen Weltgeschehens zugleich zurückgebracht zur nächsten Beobachtungsfülle, die wir nun im folgenden Kapitel betrachten werden.

Das Geschenk der Jahreszeiten

Dazu gehört die Neigung der Erdachse zur Erdumlaufebene um 23° 27', wodurch sich beim Umlauf der Erde um die Sonne das Jahr in die Jahreszeiten gliedert. Stünde die Erdachse senkrecht zur Umlaufebene des Erdballs, was ihrer ursprünglichen Herkunft aus der Gesamtrotation des Planetensystems ja entspräche, so dauerte jeder Tag genau 12 Stunden und jede Nacht ebenso 12 Stunden, gleichbleibend das ganze Jahr hindurch. Durch die Neigung kommt es z.B. in unseren mittleren Breiten zu der Tagesverlängerung im aufsteigenden Jahr und damit zum Sommer, zur Tagesverkürzung im absteigenden Jahr zum Winter hin und während des Übergangs dazwischen zur Tagundnachtgleiche im Frühling und im Herbst.

Die vier Jahreszeiten fehlen den extremen Zonen der Erde: Nur am Äquator geht die Sonne über das ganze Jahr hin jeden Morgen etwa um 6:00 Uhr Ortszeit auf und jeden Abend um 18:00 Uhr unter. Tag und Nacht folgen einander im gleichbleibenden Zwölfstundentakt. Der 24-Stundenrhythmus bringt hier die völlig gleichförmige Abwechslung des Licht- / Dunkelgeschehens. Das Jahr wird hier nicht durch den Lichtrhythmus, sondern allein durch den Wechsel von Regenzeiten und Trockenzeiten etwas gegliedert – eine Wirkung des wechselnden Sonnenhöchststandes und damit letztlich auch durch die Schrägstellung der Erdachse.

An den Polen hingegen dauert der Polartag ein halbes Jahr lang, ohne dass die Sonne untergeht, und die Polarnacht ebenso ein halbes Jahr in ihrem Dauerdunkel. Die Dämmerungszeit dazwischen braucht ein jedes Mal gute zwei Wochen! Hier ist der Tag-Nacht-Wechsel zum Jahresrhythmus geworden. Wie es den Menschen dabei erlebnismäßig geht, erzählte einfühlsam Christiane Ritter in ihrem Longseller „Eine Frau erlebt die Polarnacht" nach ihrer Überwinterung auf Spitzbergen.

Die Geburt der Menschheit hat, nach den heutigen Fossilfunden an Hominiden, im tropischen Afrika vor mindestens 7 Millionen Jahren stattgefunden (Schad 2017). Hier verbrachte sie ihre erste Kindheit. Noch heute ist dem kleinen Kind ein Tag eine

Abb. 17: Die Schrägstellung der Erdachse zeitigt unterschiedliche Tag-/Nachtzustände im Laufe des Jahres: So wie die Sonne während des Polartages verschiedene Höhen durchläuft, so gestalten die unterschiedlichen Sonnenhöchststände in den gemäßigten Breiten die Tageslängen und die Jahreszeiten (meteoweb.eu).

ganze Ewigkeit. – Im hohen Norden hingegen erleben die Lappen heute noch das Wehen der Polarlichter in der nicht enden wollenden monatelangen Polarnacht als die Kleider ihrer bei den Sternen weilenden Verstorbenen ebenso ewigkeitsnah (R. Crottet 1976). Beide Extremlagen kennen nicht die vier Jahreszeiten. Die menschlichen Hochkulturen haben sich nicht in der Pol- oder in der Äquatornähe entwickelt, sondern weitgehend in den mittleren Breiten zwischen den Polarkreisen und den Wendekreisen.

Doch auch in den mittleren Zonen sind die Verhältnisse rund um die Erde staunenswert unterschiedlich. In Nordamerika fehlen die ostwestlich ausgerichteten Bergketten als klimatische Abgrenzungen zwischen Süden und Norden. Die Nord-Süd-Ausrichtung der Rocky Mountains begünstigt geradezu den unbehinderten Austausch zwischen eisigem Norden und tropischer Hitze. Zwar sind beide etwas gemildert durch die reiche Inselwelt Nordkanadas sowie die große Hudson Bay, und andererseits im Süden durch das große Karibische Meer. Und doch kommen im Winter die Eisbären eben bis an die Südküste der Hudson Bay, und dort fliegen im Hochsommer ebenso die jedesmal aus den Tropen einwandernden Kolibris. Das heftige Aufeinandertreffen solch extremer Klimata führt gerade deshalb in Nordamerika zu den heftigsten Wirbelstürmen in Form zerstörerischer Tornados. Der Ausgleich geschieht hier oft gewaltsam.

Auch die vier Jahreszeiten sind hier nicht gleichmäßig verteilt: Die Winter sind in den USA hart, aber kurz. Die Sommer sind sehr heiß, aber auch kurz. New York liegt, wie schon gesagt, auf der geographischen Breite von Neapel, hat aber seinerseits weitaus extremere Wetterlagen, trotz der Lage an der Küste des Atlantiks. – Die Frühlinge hingegen nehmen eine auffallend lange Zeit in Anspruch. Der nordamerikanische Herbst mit seinem „Indian Summer" prangt im besonders farblich leuchtenden Herbstlaub der dortigen Wälder bekanntlich ebenso über Monate hin.

Recht anders liegen die Verhältnisse in Innerasien. Die langen westöstlich streichenden Gebirgsketten vom Kaukasus über die höchsten Hochgebirge der Erde bis nach Hinterindien verhindern den Klimaaustausch des feuchtwarmen Klimas beider Indien mit Innerasien. In diesem ist es eben ausgesprochen trocken. Dieser größte

Kontinent der Erde birgt so in seinem Inneren ein noch betonteres kontinentales Klima als Osteuropa. Großräumige Steppen bis hin zur Wüste Gobi beherrschen die riesigen Ebenen. Die ausgleichende Wirkung des Wassers ist durch die gewaltige Landfläche Asiens extrem eingeschränkt. Der Baikalsee bringt nicht viel Ausgleich. Die Winter sind nicht nur extrem kalt, sondern auch extrem lang. In Nordsibirien, im Tal der oberen Indirika, liegt der Kältepol der Erde mit Wintertemperaturen bis zu -73 °C. Umgekehrt sind die entsprechenden Sommer nicht nur auffallend trockenheiß, sondern auch recht lang. Die verbindenden Jahreszeiten, Frühling und Herbst, hingegen sind auffällig kurz – also das weitgehende Gegenteil zu Nordamerika.

Von uns aus gesehen herrschen also im westlichen Kontinent die Frühlings- und Herbstzeiten vor, im östlichen Kontinent der Sommer und Winter. Europa selbst lebt von der besonderen Gunst der Ausgewogenheit aller vier Jahreszeiten (A. Schad 2020). Seine relativ kleine Größe lässt zugleich viel Meeresnähe zu und damit einen zusätzlichen Ausgleich durch das alles temperierende Wasserelement. Diese räumliche Dreigliedrigkeit der vierphasigen Jahresrhythmik über die mittleren Breiten der gesamten Nordhemisphäre hin ist natürlich mit vielen Übergängen im einzelnen versehen. Das Leben hat keine Schubladen. Aber ein geordnet differenziertes, also organisches Zeitenspektrum ist deutlich da.

Die Erde in ihren Hüllen

Stellen wir uns vor, wir stünden am Äquator. Dort hat die Erde ihren größten Umfang von 40.073 km. Auch bei ruhig gedachter Lage der Erdachse sausen wir dort während einer Umdrehung der Erdkugel von 24 Stunden demnach mit einer Geschwindigkeit von 40.073 : 24 = 1669,7 km/h im Kreis. Das ist das 1,4fache der Schallgeschwindigkeit, also schon Überschall, ohne dass wir überhaupt davon etwas merken. Vielmehr haben wir im Stehen das Erlebnis der völligen Ruhe: einer Ruhe, um die, von uns aus gesehen, alle Gestirne Tag und Nacht kreisen. Erlebnismäßig stehen wir noch heute im antiken Weltbild mit der ruhenden Erde inmitten des Weltalls, und das, obgleich wir doch alle seit Kopernikus, Kepler und Galilei von den Eigenbewegungen der Erde gehört haben und davon überzeugt sind, denn sonst würde ja das Foucault'sche Pendel, das seine Schwingungsebene durch die Erdumdrehung täglich verdreht, und die ganze heutige Weltraumfahrt samt der Flüge der Weltraumraketen nicht funktionieren.

Der zeitgenössische amerikanische Astronom Brian Swimme hat 1996 ein begeistertes Buch über die Entdeckungen der modernen Astronomie geschrieben, in welchem er sich zusätzlich dafür einsetzt, einen neuen Einklang des heutigen Menschen mit dem Sternenhimmel wiederherzustellen. Es ist 1997 auf Deutsch erschienen unter dem programmatischen Titel: „Das verborgene Herz des Kosmos. Der Mensch im Einklang mit dem Universum“. Darin schlägt er z. B. den folgenden einfachen Selbstversuch vor: Man lege sich in einer klaren Nacht ohne störende künstliche Lichter unter den Sternenhimmel auf eine große Wiese oder eine Bergkuppe mit voller Rundsicht und versetze sich in den sichtbaren Weltraum. Dann mache man sich klar, dass es im Weltall gar kein Oben und kein Unten gibt, was ja nur die Erdanziehung vorgibt. Man kann sich also beim Blick nach oben in die Höhen des Kosmos ebenso vorstellen, dass man mit seinem Rücken unten an der Erde hängt, von ihr festgehalten wird und in die bodenlosen Tiefen des Universums herunterblickt. Wer es probiert, wird entgegen allem Kopfwissen leicht

Abb. 18: Blick auf die Erde aus der Stratosphäre (Unsplash, Daniel Olah).

Abb. 19: Das Denkmal Giordano Brunos von 1889 in Rom an der Stelle seiner Hinrichtung im Alter von 52 Jahren auf dem Campo dei Fiori am 17.2. 1600; siehe auch Abb.31 (iStock, MarcPo)

von einem panischen Schrecken gepackt werden. Kein Wunder, dass in der Kindheit der Menschheit alle Menschen dankbarst sich aufrecht auf der ruhenden Erde erlebten. Sie gab Standsicherheit. Doch die Wirklichkeit ist viel dynamischer.

Ein geschichtlicher Blick darauf kann nicht schaden. Plutarch (40-120 n. Chr.) berichtete schon von Platon (427-347 v. Chr): „... dass er die Erde nicht mehr in der Mitte des Alls gelassen, sondern diesen Platz einem besseren Gestirn [der Sonne] eingeräumt" habe. Und von dem griechischen Aristarch von Samos (320-250 v. Chr.) schrieb Archimedes von Syrakus (287-212 v. Chr.): „Nach seiner Meinung ist die Welt viel größer [...], denn er setzt voraus, dass die Sterne und die Sonne unbeweglich seien, dass die Erde sich um die Sonne als das Zentrum bewege und dass die Fixsternsphäre, deren Zentrum ebenfalls in der Sonne liegt, so groß sei, dass der Umfang des von der Erde beschriebenen Kreises sich zu der Distanz der Fixsterne verhalte, wie das Zentrum einer Kugel zu ihrer Oberfläche" (Meyer 1898, S. 564).

Wenn demnach die Erdbahn um die Sonne nur ein Punkt (= unendlich klein) – hier als der Mittelpunkt der Fixsternsphäre angesehen – gegenüber jener Kugelsphäre sein soll, so muss diese unendlich groß sein. Das lehrte damals Aristarch in den ägyptischen Weisheitsschulen von Alexandrien. Doch die Kirche verdammte später diese Lehre und stellte noch am Ende des 16. Jahrhunderts Giordano Bruno (1548-1600) für seine Lehre, dass das Weltall unendlich groß sei, in Rom auf den Scheiterhaufen und verbrannte ihn. (Abb. 19)

Abb. 20: Unser Sonnensystem. Von innen nach außen: Sonne, Merkur, Venus, Erde, Mars, Asteroidengürtel, Jupiter, Saturn, Uranus, Neptun und Pluto (wiki images pixabay; s.a. Schad 2012, S. 23)

Dabei hatte schon 1464 der katholische Kardinal und bedeutende Philosoph Nicolaus Cusanus (1401-1464) in seiner Schrift „De ludo globi" („Über das Spiel der Sphären") von der Bewegung der Erde im Weltall geschrieben, wofür er von der Kirche nicht relegiert wurde. Nikolaus Kopernikus (1473-1543), der Domherr zu Frauenberg in Ostpreußen, widmete sein bahnbrechendes Werk „De revolutionibus orbium coelestium" („Über die Umläufe der Himmelskörper") 1543 dem damaligen Papst Paul III., der die Widmung gerne annahm. Erst Galileo Galilei (1564-1642) wurde zu Beginn des 17. Jahrhunderts von der Kirche wieder mit dem Scheiterhaufen bedroht, weil er das kopernikanische Weltsystem anerkannte und ausbaute.

Was hat die Wende vom geozentrischen zum heliozentrischen Weltbild an Geburtswehen der Neuzeit bis ins 20. Jahrhundert ausgelöst! Sigmund Freud nannte 1917 die kopernikanische Weltsicht die „erste große Kränkung der Menschheit", kann diese sich doch nun nicht mehr als im Mittelpunkt des gesamten Kosmos fühlen. Doch ich fühle mich davon keineswegs gekränkt. Die naturwissenschaftlich betriebene Astronomie hat eine solche Fülle dankenswerter Tatsachen entdeckt, welche uns die Erde in ihrer besonderen Stellung im Kosmos bewundern lassen. Man sehe sich nur schon ihre Mittellage im Planetensystem an. Kreiste sie näher um die Sonne, so wäre, wie auf der Venus und dem Merkur, vor übermäßiger Hitze Leben nicht möglich. Läge ihre Bahn weiter weg als gegeben, so wäre es sofort erfroren. Welch eine dankenswerte Mittellage hat sie!

Nur durch diese Lage ist die Erde der einzige Planet mit dynamisch verschiebbaren Kontinentalplatten, also mit „Plattentektonik". Dadurch, dass sie früh nicht zu heiß war, konnte sich auf ihren Oberflächen die Gesteinsrinde, die Lithosphäre, bilden. Dadurch, dass sie aber auch nicht zu kalt wurde, konnte unter der Lithosphäre das heiße Tiefenmagma halbflüssig bleiben und auf ihr das Schwimmen der Kontinente ermöglichen. Das eine hat sie mit dem sonnenfernen Mars gemeinsam, das andere mit der sonnennäheren Venus. Das Zusammenspiel beider Phasen ist es, was die dazwischen sich bewegende Erde ausmacht. Der feste Boden, auf dem wir stehen und gehen, ist sozusagen marsartig, die energetische Dynamik darunter, die uns in allem Vulkanismus aus der Tiefe der Erde mit diesen so fruchtbar verwitternden Lavaböden begegnet, entsprechend venusartig. Die Antike hat diese beiden erdnächsten Geschwister also durchaus berechtigt mit den Namen ihres männlichsten Gottes und ihrer weiblichsten Göttin belegt.

Noch erstaunlicher ist, dass in der gesamten heute empirisch bekannten Erdgeschichte die Oberfläche des Globus – im Unterschied zu allen anderen Planeten und Monden des Sonnensystems – ihre Durchschnittstemperatur zwischen +5° und +50°C gehalten hat. „Niemals in geologisch überlieferter Zeit hat die ganze Erdoberfläche unter kochender Hitze oder im Dauerfrost gelegen" (Pflug 1984). Wie günstig für die lange Evolution des Lebens!

Die eingefahrene monokausale Erklärung dafür, dass Leben und Milieu so gut aufeinander abgestimmt sind, ist, dass sich die Organismen an die gebotenen „Nischen" passiv angepasst hätten, da sie ansonsten ausgestorben wären. Diese Nischentheorie aber übersieht das faktische Ausmaß, in welchem die Organismen ihre „Nischen" von sich aus selbst verändert haben und weiterhin verändern. (Lewontin 1979, Pflug 1984). Jeder Wald gestaltet das Großklima mit. Wo Leben auftritt, spielen sich immer „Wechselursachenverhältnisse" ein (Steiner GA 300 II, S. 105). Erst durch dieses Wechselspiel kam und kommt es, dass die Wärmebilanz der Erde sie zu einem im Planetensystem einmaligen relativ gleichwarmen Organismus macht. Ist doch schon ein Großteil selbst der Gesteine der Erdrinde die Ausscheidung ihrer Mineralsubstanzen aus zellkernlosen Mikroben = Blaualgen und Bakterien, also biogener Herkunft (Pflug 1984, S. 110 ff.).

Heute ist in aller Munde, dass das Kohlendioxid (CO_2) in der Atmosphäre ein Treibhausgas ist. Dass die gesamte Wärmebilanz auf die Dauer nicht zu heiß wird, dafür sorgen alle Photosynthese betreibenden Pflanzen der Biosphäre. Sie legten in geologischen Zeiten das CO_2 in organische Substanzen und ihren fossilen Überresten (Erdgas, Erdöl, Kohle, Karbonatgesteine) fest und erzeugten dabei den atmosphärischen Sauerstoff (O_2). Dadurch nimmt das CO_2 ab, der Sauerstoff zu. Letzterer wiederum begünstigt die Atmung aller Organismen (Bakterien, Pilze, Tiere, Menschen und nachts auch der grünen Pflanzen). In unserer Zeit nimmt der Sauerstoff ab und das Kohlendioxid wieder zu, wobei letzteres wiederum die Photosynthese anregt. Damit bewirkt langzeitig die gesamte Biosphäre der Erde über die Regulierung der Atmosphäre in engen Grenzen die rhythmisch oszillierende Wärmebilanz der Erde und ermöglicht überhaupt ihre Plattentektonik, also das sich in großen Zeiträumen dauernd umgestaltende geographische Antlitz der Erde. „Die Plattentektonik hat dann ihrerseits die Evolution auf der Erde ganz wesentlich beeinflusst" (Kull 1984). So gut lassen sich heute die pluralen Wechselursachen zwischen der Biosphäre und der Lithosphäre der Erde verfolgen. Die Plattentektonik ist nur durch die Anwesenheit des Lebens auf ihr gewährleistet. Dieses gestaltete damit faktisch das jeweilige Antlitz der Erde entscheidend mit.

Abb. 21: Der Aufgang der Erde über dem Mondhorizont. Der Kontrast zwischen dem lebenden Planeten und seinem todesstarren Trabanten ohne Wasser- und Lufthülle ist unmittelbar erlebbar. Foto vom 24.12.1968 (NASA, William Anders).

Auch die Größe und damit die Masse und ihre Massenanziehung (Gravitation) ist für die Erde und das Leben auf ihr konstitutiv. Denn dank ihrer Größe hält ihre Gravitation die Lufthülle und die Wasserhülle fest, die dem Mond und Merkur fehlen, weil diese deutlich kleiner sind (Abb. 21). Und ohne Wasser ist Leben unmöglich. Selbst der menschliche Organismus, ein Landlebewesen, besteht je nach Alter zu ca. zwei Dritteln aus Wasser. Sein Blut hat eine Salzkomposition, die prozentual der Salzkomposition der Ozeane gleicht – ein Hinweis, dass auch die Landorganismen aus dem Meere stammen, welches deshalb als das analoge „Blut“ der Erde bezeichnet werden kann. Die rein marinen Stachelhäuter (Seesterne, Seeigel, Seegurken etc.) benutzen noch heute das aufgenommene Meerwasser faktisch als Blutflüssigkeit in ihrem Kreislauf, dem Ambulacralsystem.

Wir bemerkten eingangs schon bei den Klimabetrachtungen, welche ausgleichende Rolle die Wasserumgebung für die Landmassen spielt: Wasser mäßigt alle Temperaturextreme, besonders durch die Phasenübergänge. Wenn es kalt wird, gefriert es zu Eis, und bei dieser Kristallisation wird zugleich die Kristallisationswärme frei, die die „Eiseskälte“ mildert. Wenn es wieder warm wird, verflüssigt sich das Eis zu Wasser; dabei verbraucht es Energie und es entsteht Schmelzkälte.

Kristallisation

Wasser + **Kälte** ⇄ Eis + **Wärme**

Schmelzen

Das Gleiche geschieht beim Übergang zwischen Wasser und Wasserdampf:

Verdunsten

Wasser + **Wärme** ⇄ Wasserdampf + **Kälte**

Kondensieren

Bei jedem Übergang von einer Phase in die andere findet so ein mildernder Temperaturausgleich der Aufwärmung oder der Abkühlung statt. Das gilt zusätzlich noch besonders für das Wasser selbst, da gerade es eine auffallend hohe Wärmemenge festhalten kann. Und das am meisten zwischen 36,5 – 37,5° C, also um die Körpertemperatur des Menschen und vieler Warmblüter bei den Tieren (Kipp 1951). Wie gut also, dass die Erde gerade so groß ist und von ihr zwei Drittel mit Wasser bedeckt sind!

Ähnliches gilt auch für die Atmosphäre, die Lufthülle der Erde. Das durchstrahlende Sonnenlicht wandelt sich in Wärme am meisten direkt an der Erdoberfläche um.

Aufwärts muss es demnach also bis in den Weltraum hinein immer kälter werden. Das findet streckenweise auch statt, aber nicht durchgängig. Es gibt im Aufstieg auch dreimal Sphären wieder zunehmender Erwärmung, und zwar veranlasst durch die globalen Lebensvorgänge auf der Erde. (Abb. 22)

Zum ersten ist es im unteren Bereich der Lufthülle die feuchtigkeitshaltige Wetterschicht, die Troposphäre. Mit ihrem unsichtbaren Wasserdampf, den sichtbaren Wassertröpfchen-Wolken und dem Schnee mildert sie durch deren Phasenübergänge alle Temperaturextreme. – Auf dem wasserlosen Mond ist die Oberflächentemperatur an der besonnten Seite bis + 138° C heiß, also noch viel heißer als kochendes Wasser, und auf der Nachtseite - 173° C; eine Kälte, die es auf der Erdoberfläche natürlicherweise nicht gibt. Ihr Kältepol im nördlichen Sibirien liegt maximal nur bei - 73 °C.

Auf der Erde spielt nun im besagten Wettergeschehen das Leben eine gewichtige Rolle mit. Wenn Wasserdampf zu Wassertropfen kondensiert oder diese zu Eisflocken kristallisieren, bedarf es vorher der Kondensationskeime und der Kristallisationskeime. Bodennaher Staub hilft dabei, aber ebenso die hoch bis über die Wetterschicht aufsteigenden Pflanzensporen und

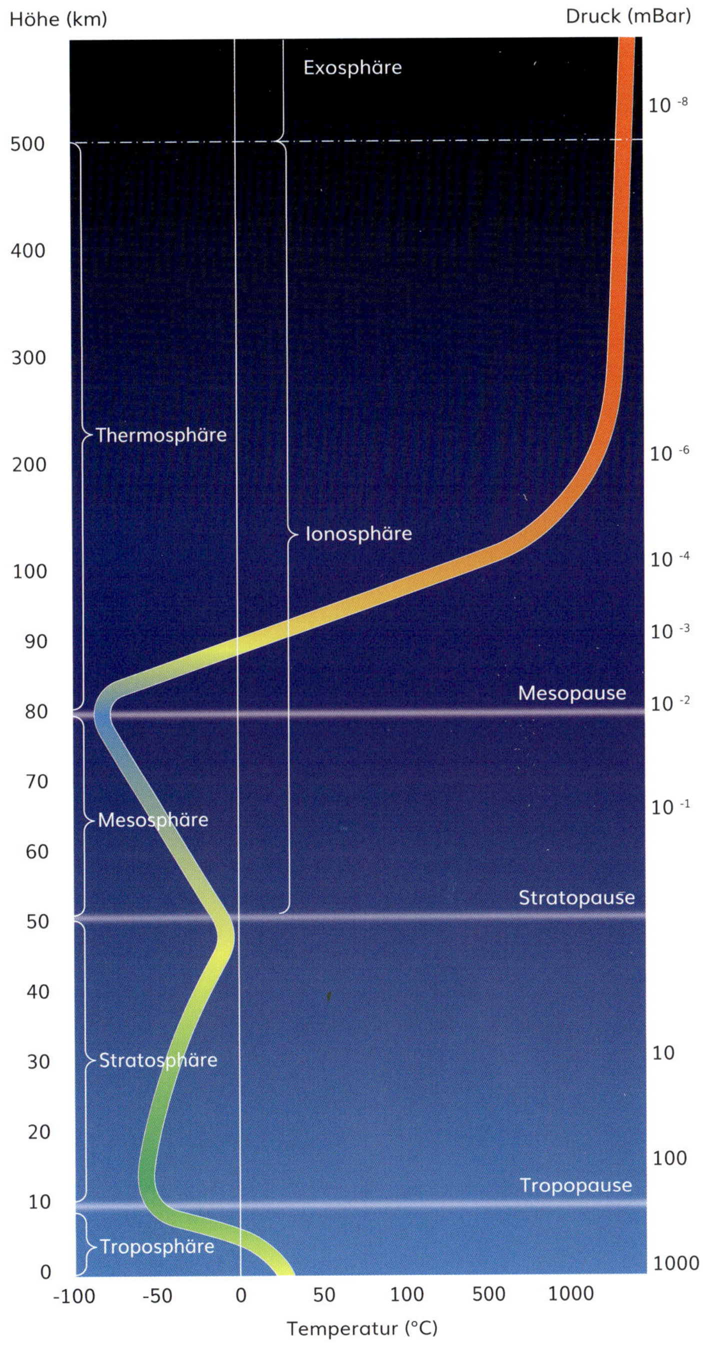

Abb. 22: Diagramm des Temperaturwechsels in der Höhenzonierung der Lufthülle der Erde (Grafik: Christoph Reichelt nach Dixon 1984, S. 26).

die Blütenpollenkörner. Quantitativ noch wirksamer sind die vom bakteriellen Meeresplankton gebildeten schwefelhaltigen Biomoleküle (Dimethylsulfid), die bei der Verdunstung der Ozeanoberflächen in die Atmosphäre aufsteigen.

Die Wetterschicht reicht in den mittleren Breiten bis ca. 10 km hoch (Tropopause). Hier ist dank des Wettergeschehens die Luft erst auf ca. - 60° C abgekühlt. Darüber beginnt die bis 50 km Höhe reichende Stratosphäre. In ihrem untersten Bereich (10 - 12 km Höhe) findet der größte Teil des heutigen Fernflugverkehrs statt. In ihr gibt es praktisch keine Luftfeuchtigkeit und erst recht kein Kohlendioxid mehr, sondern nur noch die Hauptbestandteile der Luft, den Stickstoff (N_2) und den Sauerstoff (O_2), abgesehen von Spuren der Edelgase Neon, Helium etc. Vom dortigen Sauerstoff muss man sich klarmachen, dass auch er global ausschließlich aus der Wasserspaltung während der Photosynthese durch die Pflanzenwelt stammt, ja durch sie überhaupt erst in die Erdatmosphäre einst gekommen ist – ein wiederum einmaliger Vorgang im gesamten Planetenreigen, der uns auf der Erde atmen lässt.

Der Sauerstoff der Stratosphäre wirkt nun seinerseits mit an der Lebenstauglichkeit der Erde. Das Sonnenlicht enthält nämlich noch das für uns unsichtbare, besonders energiereiche „schwarze Licht" jenseits der violetten Seite des Farbenspektrums, deshalb „ultraviolettes" oder „UV-Licht" genannt. Es trifft mit einer solchen Energie auf die Stratosphäre, dass es alles Leben zerstören würde, wenn es nicht dort oben den Sauerstoff (O_2) schon gäbe. Dieser nimmt das so energiereiche UV-Licht auf und verwandelt sich dadurch zu Ozon (O_3), woraufhin diese labile Verbindung wieder zu gewöhnlichem Sauerstoff zerfällt und die dabei wieder freiwerdende Bindungsenergie nun als Wärme abgibt:

$$\text{UV-Licht} + \text{Sauerstoff } (3\ O_2) \longrightarrow \text{Ozon } (2\ O_3)$$

$$\text{Ozon } (2\ O_3) \longrightarrow \text{Sauerstoff } (3\ O_2) + \text{Wärme}$$

So verwandelt der vom Leben abgegebene Sauerstoff das bedrohliche schwarze Licht in lebensfreundliche Wärme, die innerhalb der mittleren und höheren Stratosphäre als

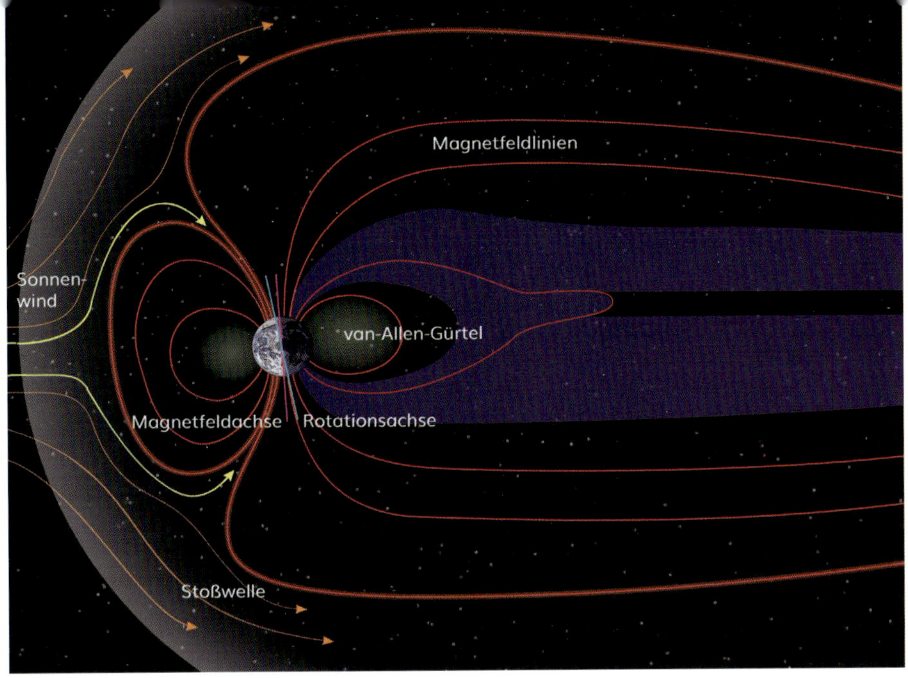

Abb. 23: Die magnetische Schutzhülle der Erde vor den scharfen unsichtbaren Anteilen des Sonnenwindes und der kosmischen Teilchenstrahlung. (Wikicommons, Bearbeitung: Christoph Reichelt).

Ozonosphäre eine zweite Wärmehülle des Globus bildet. Sie wärmt die Stratosphäre somit von ca. - 80° C unten bis fast 0° C oben auf und schützt ganz wesentlich die Lebewelt der Biosphäre vor somatischen und genetischen Schäden. Nur vergleichsweise geringe Spuren von UV-Licht gelangen bis auf die Erdoberfläche herab und bräunen unsere Haut, die bekanntlich bei zu viel UV-Bestrahlung zu Hautkrebs entarten kann. Es gibt nur eine Stelle auf der Erde, wo natürlicherweise keine UV-Strahlung mehr im Sonnenlicht vorhanden ist, nämlich im Jordangraben am Toten Meer, 400 m unter der Meereshöhe. Diese zusätzliche unterste Luftschicht filtert den Rest an UV-Licht aus, wobei das ganze Jahr über hier die Sonne vom wolkenlosen Himmel scheint. Wer einmal in der Salzlauge des Toten Meeres gebadet hat, war am Abend zwar krebsrot, am nächsten Morgen jedoch wieder so blass wie vorher. Im Hochgebirge bräunt man hingegen bekanntlich sehr rasch und stark.

Es gibt aber noch eine dritte, äußerste Schutzhülle der Erde im Übergang der höchsten Atmosphäre in den Weltraum (= Exosphäre), welche Ionosphäre genannt wird und zwischen ca. 60 und 100 km Höhe liegt. In ihr ist alles restliche, feine Luftgas ionisiert, d.h. in seine Atomkerne und deren Atomhüllen gespalten, Plasma genannt. Diese Zerspaltung geschieht durch noch energiereichere Anteile der Sonnenstrahlung im Weltraum: hochfrequente Röntgenstrahlen und hochenergetische Partikel, „Sonnenwind" genannt. Sie sind äußerst erbgutschädigend und hätten keine organismische Evolution auf der Erde zugelassen, wenn diese nicht ein eigenes Magnetfeld besitzen würde, was

Abb. 24: Bei einer Sonnenfinsternis kann man ohne astronomische Instrumente etwas von der Räumlichkeit unseres Sonnensystems erahnen: Der Mond schiebt sich vor die Sonne (Unsplash, Bryan Goff).

gottseidank der Fall ist. Dieses drängt wie ein Riesenschild jene besonders lebensgefährlichen Anteile zur Seite und lässt nur äußerst geringe Anteile durch. (Abb. 23)

Wie kommt es aber zum Magnetfeld der Erde, wie es uns jeder Wanderkompass anzeigt? – Im äußeren Erdkern sind durch den gewaltigen Druck aller darüberliegenden Schichten des Erdmantels und der Erdrinde und durch zusätzlich auftretende Wärmeenergie aus radioaktiv zerfallenden Elementen die Gesteine verflüssigt und elektrisch aufgeladen. Im Aufsteigen kühlen sie etwas ab, sinken zurück und bilden kreisende Konvektionsströme in vertikaler Richtung. Durch die Eigendrehung der ganzen Erde werden sie schraubenförmig bis in die Horizontale umgelenkt (Corioliskraft) und bilden so das Magnetfeld der Erde. In jedem technischen Elektromagneten wird ja auch durch den in einer Spule kreisenden elektrischen Strom der Eisenkern magnetisch.

Wer eine totale Sonnenfinsternis in ihren wenigen Minuten einmal erlebt hat, konnte im Heranrasen des Mondschattens und im Erscheinen der sonst unsichtbaren Sonnenkorona unvermittelt erfassen, in welchem unheimlich dunklen Weltraum der Exosphäre sich die Erde befindet (Schad 2006) (Abb.24). Sobald der blaue Himmel nach etwa vier Minuten wieder erscheint, fühlt man hoch dankbar, dass die dreifachen atmosphärischen Hüllen der Erde – durchlichtet vor dem dunklen Weltraum – der Biosphäre der Erde die existenzielle Geborgenheit geben.

Wie anders auf dem Mond! Die Fotoaufnahmen der ersten Menschen auf ihm zeigten 1969, trotz sonnenerhellter Kraterlandschaft, nur die tiefschwarze Himmelsglocke

Abb. 25: Der älteste heute bekannte Hominide Sahelanthropus tchadensis (7 Mio Jahre alt), am Tschadsee in der Südsahara gefunden, zwischen dem Schädel eines Jetztmenschen aus dem Mittelalter (links) und eines heutigen Schimpansen (rechts). Man beachte seinen affenartigen, waagrechten Hirnschädel und seinen menschenartig vertikalisierten, weltoffenen Gesichtsschädel – eine Mischform (Foto: W. Schad).

des Weltalls mit fernen Lichtpunkten der Sterne, oder eben über dem Mondhorizont den wundervollen blauen Planeten Erde mit seinen dynamischen weißen Wolkenbändern der spiralig sich drehenden Wetterzyklone (Kelley 1989). (Abb. 21)

In der Gesamtwahrnehmung wird deutlich, dass nicht nur die Erde dem Leben die einzige ihm taugliche Hülle im ganzen Sonnensystem gab und gibt, sondern dass ebenso alles Leben selbst diese Lebenstauglichkeit auf ihr ermöglichte und weiterhin ermöglicht. Wir verdanken es dem 19. und 20. Jahrhundert, dass diese wechselseitige Verflechtung des Lebens mit der Erde den Menschen erstmals in reichen Einzelheiten voll ins Bewusstsein getreten ist – ein fraglos erd- und menschheitsgeschichtliches Ereignis, das die Naturwissenschaft uns gebracht har.

Im Übergang zwischen diesen beiden letzten Jahrhunderten wurde 1896 an dem Mineral Pechblende mit seinem Urangehalt aus dem Erzgebirge von Henri Becquerel in Paris die Radioaktivität und damit die Kernkraft entdeckt. Was damit an militärischem Gerät und zur nuklearen Energiegewinnung heute zur Verfügung steht, reicht, um alles Leben auf der Erde mehrfach ausrotten zu können. Schon vor 50 Jahren hatten die Großmächte während des Kalten Krieges ein Arsenal an Atomwaffen angehäuft, das zum 60-fachen Overkill alles Lebens auf der Erde ausreichte. Weder die Natur von sich aus noch Gott können diese globale Gefährdung bändigen, sondern nur die Menschheit selber, die sie erzeugt hat. Allein schon die seit 100 Jahren produzierten Mengen an Plutonium mit der Halbwertzeit von 24.360 Jahren benötigen in der Zukunft ca. 200.000 Jahre, um bis zu 1% zu zerstrahlen, welches für die Biosphäre immer noch zu viel sein wird – auch wenn wir alle Kernkraftwerke auf der Erde sofort abschalten könnten. Das ist die Zeitspanne, in der es in der Vergangenheit zur Bildung des Homo Sapiens, zu uns, gekommen ist. Für unabsehbare Zeiten der Zukunft liegt nun die Verantwortung für die Existenz und weitere Evolution alles Lebens auf den Schultern aller Menschen (Schad 2013a).

Im Übergang vom 20. ins 21. Jahrhundert wurde der Menschheit durch die Funde ihrer Fossilien zunehmend ihr hohes Alter bis zu 7 Millionen Jahren bewusst (siehe Abb. 25). Das gibt uns zugleich die jetzt notwendige Blickweite für die Beherrschung der im letzten Jahrhundert erstmalig von der Menschheit verursachten radioaktiven Hypothek in ähnlichen Zeiträumen der Zukunft. Wir alle werden dabei reinkarnativ künftig weiterhin an ihrer Beherrschung mitzuwirken haben. Das „Nach-uns-die-Sintflut" gilt nicht. Wir alle bleiben mit unserer Einsicht und Hilfe für alles Leben auf der Erde, künftig hoffentlich selbstgewollt, in der Pflicht – der Test der Mündigkeitsentwicklung der globalen Menschheit auf Gedeih und Verderben.

Die Anthroposophie spricht davon, dass die Reinkarnationen einsetzten, als die menschliche Leiblichkeit sich bis ins mineralisierte Knochenskelett verfestigt hatte und damit zu unbeweglich wurde, der Weiterentwicklung des menschlichen Geistes noch folgen zu können. Seitdem helfen Tod und Wiedergeburt, über die Kurzzeitigkeit des Einzellebens hinauszukommen und wieder Neues auf der Erde auch künftig zu lernen und helfen zu können. Als Vor-, Ur-, Früh- und Altmenschen waren wir alle schon selber hier gewesen, und diese Zeitspanne gibt uns die notwendige Zeitperspektive nun auch in die Zukunft hinein an, die wir brauchen, um allem Leben auf der Erde das Überleben weiterhin zu ermöglichen.

Im 16. Jahrhundert, zu Beginn der Neuzeit, empfahl der Lordkanzler des englischen Königs, Francis Bacon von Verulam (1561-1625), für die Zukunft: „Wissen ist Macht" und läutete damit die Ausrichtung der Wissenschaften auf den ausschließlichen Gewinn von Herrschaftswissen ein. Dessen Auswirkung hat nun selbst dazu geführt, zum weiteren Überleben mit der vollen *Umkehrung* ernst zu machen: „Wissen ist Verantwortung". Sonst beginnt der globale Selbstmord einer in der Spaßgesellschaft mit ihren Fake News pubertierenden derzeitigen Menschheit. Deswegen ist heute nichts interessanter, weil wichtiger, als auf die Mündigkeitserscheinungen in der menschlichen Gemeinschaft zu achten. Wo treten hilfsbereite, verantwortbare Utopien auf? Wir brauchen „self fulfilling prophecies" (Ludwig 1991), um diese endlich nicht allein nationalstaatlich einzusetzen. Eine aufgeklärte Utopie könnte sein, dass ein Weltrecht proklamiert und durchgesetzt wird, welches nur solche Staatslenker zulässt, welche ein naturwissenschaftliches Studium so weit durchlaufen haben, dass sie wahrheitsliebendes konsequentes Denken und das notwendige naturwissenschaftliche Wissen als eine ihrer Entscheidungsgrundlagen gelernt haben. Man mag parteipolitisch über die ehemalige Bundeskanzlerin Angela Merkel unterschiedliche Urteile haben. Aber sie war die einzige Regierende von allen Staaten auf der Erde, welche diese Voraussetzung mitbrachte, da sie Physik studiert hat und in Quantenphysik promoviert wurde. So war sie nach der Nuklearkatastrophe im japanischen Fukushima weltweit die einzige Chefin eines Landes mit Kernkraftwerken, welche deren baldige Stilllegung mit der Energiewirtschaft erfolgreich verhandelte.

Im Laufe des 19. Jahrhunderts machte die Erforschung der Lithosphäre, die Geologie, große Fortschritte. Das Vorkommen versteinerter Pflanzen und Tiere ließ sich zunehmend zeitlich zurück bis ins früheste Erdaltertum, ins Kambrium, verfolgen (Beginn vor 550 Millionen Jahren). Die noch älteren Gesteine in der Erdurzeit oder dem Archaikum, wurden als „fossilfrei" und ihre Zeit als „Azoikum" (noch ohne Lebensspuren) bezeichnet. Im 20. Jahrhundert ging man von der Erforschung der Makrofossilien über zu der der Mikrofossilien, dann zur mikroskopischen Fossilienkunde bis hin zur chemischen, also molekularen Fossilienkunde. Und entsprechend stufenweise fand man die Nachweise des Lebens für immer frühere Erdzeiten mit dem Ergebnis, dass es schon bei der Bildung der allerersten festen Gesteine bei einem Alter von 3,8 Milliarden Jahren vorhanden war, ja selbst dabei mithalf, die Erdkruste als seine Abscheidung zu bilden.

Der Nachweis ist so eindrucksvoll, dass wir ihn hier erzählen. Solche Gesteine, zum Beispiel die Isuagranite Südgrönlands, enthalten die chemische Grundsubstanz aller organischen Verbindungen, den Kohlenstoff C, zu 3 % in mineralisierter Form als Graphit. (Damit füllt man, in England seit 1660, die Bleistifte, besser als mit dem giftigen Blei, und „schreiben“ heißt im Griechischen „graphein“).

Nun kommen die meisten chemischen Elemente in verschieden schweren Sorten vor, „Isotopen“ genannt. Vom Kohlenstoff gibt es, mit zunehmendem Gewicht, derer drei: das ^{12}C, ^{13}C und ^{14}C. Letzteres entsteht aus einer Elementumwandlung von Stickstoff in der hohen Atmosphäre durch den Neutronenanteil des die Erde treffenden Sonnenwindes. Dieses ^{14}C zerfällt aber mit der Halbwertzeit von 5.730 Jahren, sodass es nach ca. 50.000 Jahren nicht mehr nachweisbar ist. Also findet sich im uralten Graphit erst recht nichts mehr davon.

Den lebenswichtigsten chemischen Vorgang, die Photosynthese, mithilfe der Lichtenergie aus Kohlendioxyd und Wasser Zucker zu machen, kann nur das Leben. Gibt man nun einer grünen Pflanze die natürliche Mischung von $^{12}CO_2$ und $^{13}CO_2$, so wählt sie mehr ^{12}C als das sowieso nur gering vorhandene ^{13}C für die Photosynthese aus, also möglichst den leichtesten Kohlenstoff. Bestimmt man nun im Graphit der ältesten Gesteine das Verhältnis von ^{12}C / ^{13}C, so ist es ein solches, welches zeigt, dass dieser Graphitkohlenstoff einst durch die Photosynthese des Lebens gegangen ist. Der Spurenpaläontologe Hans Pflug schrieb 1984 dazu:

> *In den Isua-Quarziten kann der Kohlenstoff bis zu 3 % der Gesteinsmassen ausmachen. Dieser Wert kommt den vergleichbaren Ablagerungen aus heutiger Zeit gleich. Man muss daraus schließen, dass die biologische Produktion der Isua-Zeit, zumindest lokal, nicht geringer war, als im vergleichbaren Meeresmilieu heutzutage. Es muss also bereits vor 3,8 Milliarden Jahren ein florierendes Leben auf der Erde gegeben haben. (Pflug 1984, S. 127)*

Also muss es das Leben in Form von photosynthetisierenden und auch veratmenden Bakterien wohl auch schon etwas eher gegeben haben, als diese die ausgeglichene Wärmebilanz schon damals herstellten. Pflug beruft sich dabei auf die Ergebnisse von Reimer u. a. 1979. Gesteinskundlich (petrographisch) gab es kein geologisch belegbares Azoikum. Das hatte man vor 50 Jahren noch nicht gewusst.

Schon der Begründer der Hochschul-Geographie an der Universität Berlin, Carl Ritter (1779-1859), schilderte mit Nachdruck die Erde als ein sich entwickelndes *ens sui generis* mit seinen Lebensmerkmalen (Ritter 1862, s.a. Howald-Haller 1957). Steiner kam oft darauf zu sprechen (GA 150). Zuletzt sind James Lovelock (1972, 1979, 1988), Klaus Strohbach (1991) und Hartmut Seyfried (2005) mit neuestem Faktenmaterial universitär dafür eingetreten.

Erde und Sonne im planetarischen Kosmos

Verfolgen wir dazu zuerst den Umlauf der Erde um die Sonne. Wir erwähnten schon Keplers wichtige Entdeckung, dass alle Planeten und so auch die Erde nicht auf vollkommenen Kreisen, sondern auf kreisnahen Ellipsen um die Sonne laufen, wobei diese selbst immer in einem der beiden Brennpunkte der jeweiligen Planetenellipse steht. Es gibt also in einem Umlauf eine sonnennächste und eine sonnenfernste Stellung, nach helios = die Sonne „Perihel“ und „Aphel“ genannt. Die Erde durchmisst beide Stellungen natürlich im halbjährigen Abstand. Im Perihel empfängt sie so von der Sonne eine stärkere Bestrahlung, im Aphel eine geringere. Nun ist es so, dass die Erde seit schon einigen Tausenden von Jahren das Perihel während unserer Winterzeit, derzeit genau am 2. Januar, durchmisst. Dadurch sind die Winter auf der Nordhalbkugel durch die größere Sonnennähe abgemildert und ebenso die Sommerzeit durch den größeren Sonnenabstand weniger heiß (Aphel-Durchgang am 2. Juli). Auf der Südhalbkugel liegen dann die Verhältnisse umgekehrt. Da diese aber sehr viel mehr Ozeanfläche besitzt und das viele Wasser dort besser die Temperaturen ausgleichen kann als das Land, macht ihr die drohende Verschärfung der gegensätzlichen Jahreszeiten weniger aus; und das Leben auf der Nordhalbkugel und damit auf der ganzen Erde kann dieses Glück genießen.

Nun steht nichts, gar nichts im Kosmos still. So dreht sich in geologischen Zeiten die Erdumlaufellipse mit ihrer Hauptachse, der „Apsidenlinie“, langsam vor dem Fixsternhimmel. Ihre gesamte Umdrehung um 360° dauert ca. 26.000 Jahre (das ist ein „platonisches Weltenjahr“). Nach der halben Zeit wird also der Winter auf der Nordhalbkugel in die Stellung der Sonnenferne fallen und deutlich härter werden. Daraus lässt sich der Wechsel der Eiszeiten und der Zwischeneiszeiten der letzten 2 Millionen Jahre annähernd ableiten (Milankowić-Zyklen). Das ist aber nicht beliebig weit zurück möglich, da die Kontinente ja wandern und ihre Hauptmasse im Erdmittelalter um den Äquator, im Erdaltertum sogar auf der Südhalbkugel lag.

Jetzt leben wir in einer Warmzeit, die das Leben bis in einige Nähe zu den Polen hin sich ausbreiten lässt. Durch die derzeitige anhaltende Energieverschwendung im Verbrauch der fossilen Energieträger Kohle, Erdöl und Erdgas, die sich im Laufe großer geologischer Zeiten als Bodenschätze aus ehemaligen organischen Ablagerungen angesammelt hatten, droht uns allerdings direkt eine von Menschen gemachte Übererwärmung, denn bis zur nächsten Eiszeit ist es noch sehr lange hin. Unser Wissen sollte eben nicht mehr so sehr Herrschaftswissen sein, sondern mündig übernommene Verantwortung der ganzen Menschheit, sonst begeht sie den eigenen globalen Suizid mit der gesamten Biosphäre, denn die Handlungsmacht dazu hat sie seit dem 20. Jahrhundert.

Der ausgewogene Abstand der Erde zur Sonne ist nicht allein die Garantie, dass die Erde der einzige Planet im Sonnensystem mit einer Biosphäre ist, sondern es liegt ebenso auch an der besonderen Art der Sonnenaktivität selber. Wir sehen die Planeten und ihre Monde, obgleich sie nicht leuchten, ohne oder mit dem Fernrohr gut, weil sie von der selbstleuchtenden Sonne angestrahlt werden. Die zahllosen Lichtquellen des Fixsternhimmels hingegen sind selbstleuchtend, also auch Sonnen. Und umgekehrt: Unsere Sonne ist ein Fixstern. Nun haben kürzlich Göttinger Astronomen 369 ferne Fixsternsonnen genauer vermessen können und herausgefunden, dass sie zumeist weitaus gewaltigere Strahlungsenergien ausschleudern als unsere Sonne. Innerhalb der damit doch großen Schar von 370 vermessenen Sonnen gehört unsere Sonne zu den ganz wenigen Ausnahmen mit einer sehr viel milderen Ausstrahlung. Nur dadurch bleibt unsere Sonne für die Erde lebensfreundlich, denn gegen eine statistisch „normale“ Sonne käme die Erde, wie sie gebaut ist, mit all ihren atmosphärischen und magnetischen Schutzhüllen nicht an, und uns gäbe es nicht. Kommentar in der FAZ: „Glück gehabt“ (S. Anderl 2020, T. Reinhold 2020).

Herschels Grand
TELESCOPE,
Fig. 24.

Die Lage der Erde im Fixsternraum

Die Sonne ist unser allernächster Fixstern. Acht Minuten dauert es, bis ihr Licht mit der Ausbreitungsgeschwindigkeit von ca. 300.000 km pro Sekunde zu uns gelangt ist. Das Licht des nächstgelegenen Fixsterns benötigt 4,3 Jahre, bis wir es sehen. Es ist der Toliman, der hellste Stern im Sternbild Centaur auf der südlichen Himmelshälfte. Alle Sternbilder, die wir mit bloßem Auge gut sehen können, sind solche Vordergrundsterne des Fixsternhimmels, insbesondere die hellen Hauptsterne derselben.

1608 wurde von Lipperskey und 1609 von Galilei erstmals das Fernrohr erfunden, dessen Bauprinzip heute noch jedes Opernglas ausmacht, weil darin die Bilder aufrecht stehen. Viel leistungsfähiger und für die Sternbeobachtung tauglicher ist das 1611 von Kepler erfundene Fernrohr, wenn es auch den Beobachtungsinhalt seiten- und oben-unten-vertauscht zeigt. Hundert Jahre später war das exakte Schleifen großer Linsen und die Halterung großer Fernrohre so weit entwickelt, dass der englische Astronom Edmund Halley (1656 - 1742) im Jahre 1718 entdeckte, dass die Fixsterne gar nicht fix sind, sondern winzige Bewegungen zeigen. 1800 war es dann der deutsche Trompeter Wilhelm Herschel (1738 - 1822), der inzwischen in der königlichen Kapelle von London mitspielte und sich bald zu einem bedeutenden Astronomen entwickelte, welcher die Bewegungsrichtung von möglichst vielen Fixsternen sehr genau vermaß. Dabei stellte sich heraus, dass sich in einer bestimmten Himmelsgegend die Mehrzahl der Fixsterne voneinander entfernen und genau an der gegenüberliegenden Himmelsseite aufeinanderzu bewegen. Er schloss daraus auf eine astronomische Perspektive. Wir kennen die Erscheinung, dass die Bäume einer Allee beim Entlangwandern vorne optisch auseinander weichen und sich hinter einem wieder zusammenschließen. Es sind nicht wahre Bewegungen, sondern perspektivische Erscheinungen der eigenen Bewegung.

Abb. 26: Wilhelm Herschel, Gemälde von Lemuel Francis Abbott (1785).
Herschels Riesenteleskop, Illustration aus dem Jahr 1797.
Das Teleskop wurde zwischen 1785 und 1789 gebaut und war für 50 Jahre das größte der Welt (Wikimedia Commons).

Wir müssen uns also mit unserem ganzen Sonnensystem auf eine bestimmte Stelle im Fixsternhimmel zubewegen und von der gegenüberliegenden Stelle entfernen. Die Zielstelle, Apex genannt, liegt im Sternbild Herkules am Nordhimmel. Die entgegengesetzte Stelle, der Gegenpol der Apexbewegung, Antapex genannt, liegt am Südhimmel im Sternbild der Taube. Diese Entdeckungen besagen, dass die Sonne gar nicht, wie Kopernikus und nach ihm seine Nachfolger lange meinten, in der Mitte des Weltalls etwa ruht, sondern dass auch sie sich zusammen mit den sie umkreisenden Planeten bewegt. Und für die Erde bedeutet das, dass ihre Bewegung um die Sonne noch viel dynamischer als nur auf einer Ellipse, nämlich auf einer elliptischen Wendel, also auf einer Schraubenlinie sich vollzieht.

Jeder Biochemiker weiß, dass alle physiologischen Substanzen in jedem Organismus auch eine eigene charakteristische Schraubendrehung (Chiralität) haben. Darin unterscheiden sich sogar alle vom Leben gebildeten physiologisch wirksamen Verbindungen von den künstlich hergestellten. Die wahren Bewegungen der Planeten und somit der Erde vollziehen sich gemeinsam schraubig-spiral, also chiral, im Fixsternkosmos.

Blicken wir von der Nordhalbkugel aus nachts in den Fixsternhimmel, so ist er im Winterhalbjahr von besonders stark leuchtenden Sternen besetzt. Man betrachte den himmlischen Jäger Orion mit seinen zwei Hunden im Angriff auf das Sternbild des Stieres mit dessen blutrotem Auge Aldebaran als Hauptstern. Das Auge des Großen Hundes, der Sirius, ist, von der Erde aus gesehen, der hellste Fixstern mit wunderbar blauweißem Glanz. Diese Gruppe von Sternbildern ist in der dunklen Winterzeit am besten zu sehen, wenn die Sonne ihre Tageslänge und damit Lichtmenge auf der Nordhalbkugel am meisten zurückgenommen hat. – Wenn sie im Sommerhalbjahr dominiert, mittags hoch am Himmel, sind hinwiederum nachts die dann von uns sichtbaren Sternbilder von nur recht schwacher Leuchtkraft (Herkules, Schlangenträger, Schlange, Waage, Krone, Drache etc.). Und das nicht nur, weil die kurzen, feuchten Sommernächte oft dunstiger als die langen, tiefdunklen, sternstrahlenden Winternächte sind, sondern schon durch die unterschiedliche Leuchtkraft der jeweilig vorherrschenden Sternbilder selber. Wir haben auf der Nordhalbkugel das Glück dieser stillen Kompensation in beiden Jahreshälften.

Hinter den Vordergrundsternen der Sternbilder befindet sich, wie wir heute wissen, noch viel weiter weg die Milchstraße, innerhalb derer unser Sonnensystem liegt. Sie selbst leuchtet stark durch die zarten Sommersternbilder (Schwan, Leier, Adler, siehe auch Abb. 27) hindurch, während sie im Winter durch die kräftig strahlende Oriongruppe vergleichsweise schwächer als im Sommer verläuft und schwerer mit bloßem Auge zu sehen ist. Wiederum eine sichtbare Kompensation für den Ausblick von der Nordhalbkugel in den Sternenhimmel.

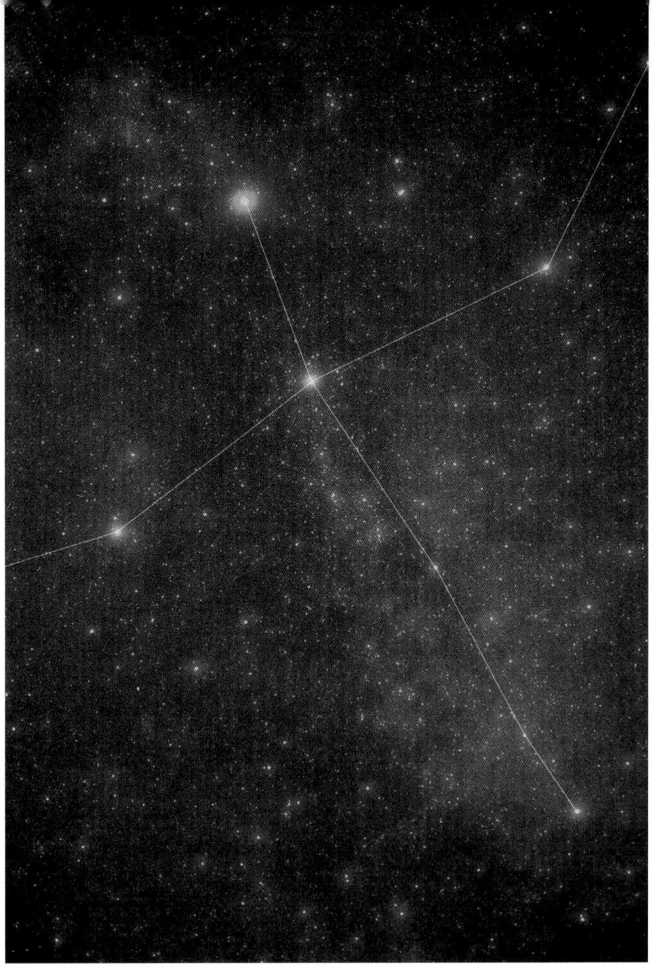

Abb. 27: Die Vordergrundsterne des Sternbildes Schwan vor dem Hintergrund der durchlaufenden Milchstraße am späten Abendhimmel im Herbst (Jerry Lodriguss / NASA / Okapia).

Was sich so wie ein funkelndes Geschmeide aus unzähligen Sternen rund über den ganzen Himmel als milchiges Band zieht, hat seinen Namen aus der griechischen Mythologie. Zeus, der Göttervater, hatte von der sterblichen Alkmene einen sterblichen Sohn, den Herakles. Um ihn unsterblich werden zu lassen, bat Zeus die Göttermutter Hera, ihn mit ihrer göttlichen Milch zu nähren. Dieser besonders starke Säugling sog aber so kräftig an ihrer Brust, dass sie ihn vor Schmerz wegriss und die göttliche Milch über den Himmel lief. Und so kam die Milchstraße an den Himmel. – Die Göttermutter war ihm sein Leben lang nicht wohlgesonnen, sondern machte ihm vielfach Schwierigkeiten, die er mithilfe des Göttervaters aber immer tatkräftig überwand. Deshalb bekam er den Namen „Durch-Hera-Berühmt" = Herakles oder Herkules.

Milch heißt auf Griechisch „galaxis". Danach heißen nun alle Milchstraßen-Sternnebel, gerade auch die Unzahl von ihnen jenseits unserer Milchstraße, Galaxien. Jede von ihnen besteht ebenfalls aus Myriaden von Sternen. Nur eine der unzähligen Galaxien außerhalb unseres Milchstraßensystems können wir in klaren Nächten mit bloßem Auge als länglich-elliptischen Nebelfleck winzig im Sternbild der Andromeda

Abb. 28 : Der Andromedanebel (M31) im Fernrohr mit Kern und Spiralarmen in Schrägansicht (Wikicommons).

sehen: den Andromedanebel (Abb. 28). Im Fernrohr zeigt er, schräg von der Seite gesehen, eine deutliche Spiralstruktur. Eine solche weisen die meisten Galaxien auf. Je weiter immer bessere Teleskope in die Tiefen der fernsten Lichterscheinungen vordrangen, desto mehr erschienen sie als Galaxien, ja schlossen sich auch zu Galaxienanhäufungen zusammen.

Ähnliches zeigt sich, wenn man in immer feinere Strukturen lebender Zellen Einblick nimmt. Immer mehr ins Kleine verfolgt, nehmen die molekularen Verbindungen der Zucker, Eiweiße und Fette spiralige Strukturen (Chiralität) an. Im Inneren des Innersten der Zelle, also der Zellkerne (Nuklei), sind die Nukleinsäuren (DNA, RNA) in den spiraligen Wendeln der „Helix" (= Schnecke) als Erbsubstanz ausgebildet. Der größte Makrokosmos und der kleinste Mikrokosmos des Lebens werden in gegenseitiger Polarisierung als im Leben zusammengehörig vergleichbar. Das eine ist gleichsam der Kehrwert des anderen.

Was jedes einzelne Lebewesen als ein sich in sich abstimmendes Ganzes ist, das erreicht in der anorganischen Welt nur der gesamte Kosmos in solcher Gänze. In der Physik ist also nur die Astronomie eine Ganzheitswissenschaft (Steiner 1886), wie es

die Biologie für jedes Lebewesen als einen physiologischen Mikrokosmos sein kann. Bei Steiner heißt der Wortlaut über die anorganische Natur:

> *Wissenschaftliche Befriedigung wird uns von einer Ansicht erst dann, wenn sie uns in eine abgeschlossene Ganzheit einführt. Nun zeigt sich aber die Sinnenwelt als unorganische an keinem ihrer Punkte als abgeschlossen, nirgends tritt ein individuelles Ganzes auf. Immer weist uns ein Vorgang auf einen andern, von dem er abhängt; dieser auf einen dritten usw. Wo ist hier ein Abschluss? Die Sinnenwelt als unorganische bringt es nicht zur Individualität. Nur in ihrer Allheit ist sie abgeschlossen. Wir müssen daher streben, um ein Ganzes zu haben, die Gesamtheit des Unorganischen als ein System zu begreifen. Ein solches System ist der Kosmos. Das durchdringende Verständnis des Kosmos ist Ziel und Ideal der unorganischen Naturwissenschaft. Jedes nicht bis dahin vordringende wissenschaftliche Streben ist bloße Vorbereitung; ein Glied des Ganzen, nicht das Ganze selbst. (GA 2, Ende 15. Kapitel)*

Es gibt nun einen durchgängigen Bereich am Sternenhimmel, in welchem auch mit den besten Teleskopen keine Galaxien zu sehen sind. Und das ist das Band unserer

Abb. 29: Der zweiarmige Strudelnebel (Whirlpool, M51) zeigt in der Draufsicht seine Drehbewegung. Er liegt wie der Andromedanebel am Nordhimmel, und zwar in den Jagdhunden unter der Deichsel des Großen Wagens (Wikicommons).

Abb. 30: Rekonstruktion der uns umgebenden Milchstraße in gedachter senkrechter Aufsicht. Ihr Kern ist nicht zentriert, sondern ein Lichtbalken (Balkenspirale).
Pfeil: Lage unseres Sonnensystems am mittleren Rand eines schwächeren ihrer vier Spiralarme (Wikicommons, Nick Risinger).

Milchstraße selber und ihrer nächsten Umgebung. Also verdeckt dieses Band alle jene Sternennebel, die hinter ihm im „extragalaktischen Raum" liegen. 1900 vermutete schon der holländische Astronom C. Easten deshalb, dass das Milchstraßenband selbst ein Spiralnebel ist, was zuerst 1951 der Holländer Jan H. Oort nachweisen konnte (Krafft, 2007, S. 244). In dessen Innerem befindet sich unser Sonnensystem. Im Laufe des 20. Jahrhunderts konnte ermittelt werden, dass wir in einem Balkenspiralnebel mit vier Spiralarmen liegen, zwei größeren und zwei kleineren. (Abb. 30)

Wo aber genau liegen wir mit unserem Planetensystem darinnen? Wir erwähnten schon, dass wir im Sommer einen leuchtenderen Teil und im Winter einen lichtschwächeren Teil zu Gesicht bekommen. Die hellste Partie liegt noch unterhalb des bei uns nur im Hochsommer dicht über dem Südhorizont sichtbaren Sternbild des Skorpions mit seinem roten Hauptstern Antares (= Gegenmars). Ihr Helligkeitszentrum kann somit erst in Äquatornähe und von der Südhalbkugel aus voll gesehen werden. Diese Asymmetrie der Milchstraße demonstriert uns, dass unser Sonnensystem nicht in deren hellem Zentrum und auch nicht am Außenrand einer ihrer Spiralarme liegt, sondern in der Mittellage dazwischen! Und zwar in dreifacher Hinsicht:

Unser Sonnensystem liegt nicht auf einem hellen Spiralarm und auch nicht im Dunkeln zwischen zwei Spiralarmen, sondern am Rande eines solchen Armes und zwar, nach innen gelegen, nicht an einem allzu hellen Spiralarm, sondern an der hellen Seite eines der schwächeren Arme. Welch eine vielfältige, ausgleichende Kompensation aller Gegensätze! Hier hält unsere Erde nicht nur unter den Mitplaneten ihre spezifische Stellung, sondern mit diesen und der Sonne zusammen ebenso eine solche ausgewogene Stellung innerhalb der Milchstraße als Ganzes. Wundervoller geht es kaum. „Man suche nur nichts hinter den Phänomenen: sie selbst sind die Lehre" (Goethe, Wilhelm Meisters Wanderjahre, Kap. 43). „Der Geist des Wirklichen ist das Ideelle." (an Leopoldine Grustner von Grusdorf, 30.3.1827. Goethes Briefe 1967, S. 223)

Unsere Gesellschaft ist durch die gängige Schulbildung oft mit der Vorstellung der Erde als einem Staubkorn aufgewachsen. Nimmt man die Entdeckungen der neuzeitlichen und modernen Geographie und Astronomie in die vergleichende Beobachtung und Betrachtung, wie hier versucht, unverstellt auf, so kann man nur unbegrenzt dankbar sein für das Glück, auf dieser Erde, in diesem Planetenreigen und diesem Universum leben zu dürfen. So gesehen, bleiben die Naturwissenschaften endlich nicht nur in dem Utilitarismus einer allein technischen Auswertung stecken, sondern gewinnen allgemeinen Bildungswert für jeden. Sie brauchen dabei nicht nur zur Bildung des Verstandes zu verhelfen, sondern haben die Potenz in sich, gerade auch zur Bildung der Vernunft beizutragen.

Der amerikanische Astronom Robert H. Dicke erinnerte 1961 daran, dass die Entwicklung des gesamten Kosmos, physikalisch gesehen, von den Naturkonstanten bestimmt ist. Wären sie um winzige Beträge anders ausgefallen, so hätte das Werden des Kosmos nie den Weg gemacht, den wir vorfinden. Es hätte so auch kein Leben auf der Erde und keine Menschheit mit ihrem seelisch-geistigen Vermögen gegeben, um all das zu erkennen und zu bewundern. Er nannte die Einrichtung der vorliegenden Naturkonstanten das „anthropische Prinzip" (s. Gale 1982). So können wir nun auch auf Grund der berichteten Lebenstauglichkeit der Welt zugleich vom „zootropen Prinzip" (zoē = das Leben) des Makro-, Meso- und Mikrokosmos sprechen.

Abb. 31: Rom, Giordano Brunos Denkmal auf dem Campo dei Fiori, aufgestellt 1900 am Ort seiner Hinrichtung; Skulptur, 1887, von Ettore Ferrari (Wikipedia, Daryl Mitchell).

Giordano Bruno (1548-1600, Abb. 31) war schon am Beginn der Neuzeit von den damaligen Entdeckungen der Unendlichkeit des Kosmos und der Heliozentrik des Planetensystem so begeistert, dass er freudig feierte, dass dadurch die Erde zu einem Wandelstern unter den Wandelsternen geworden war, also selbst ein Stern ist und der Himmel nicht nur da oben, sondern schon hier auf der Erde ist. Die Kirche brauche den Himmel, der nach ihr ganz woanders sei, nun nicht mehr für die Menschen zu verwalten, denn diese haben ihn schon, weil sie mitten darin sind. Eine solche Erd- und Weltfrömmigkeit konnte die Kirche nicht übernehmen und verbrannte ihn auf dem Campo dei Fiori in Rom. Erst 1827 anerkannte die Kurie in Rom das kopernikanische Weltbild notgedrungenerweise.

Der katholische Kulturphilosoph Max Scheler (1874-1928) sprach nach fast weiteren 100 Jahren in seinem Vortrag „Mensch und Geschichte“ (1926) aus:

> *Es ist ein vielverbreiteter Irrtum, anzunehmen, es sei z.B. die These des Kopernikus in der Zeit ihres ersten Auftretens als Grund zu einer Senkung und Verminderung des menschlichen Selbstbewusstseins empfunden worden. Giordano Bruno, der größte Missionar und Philosoph des neuen astronomischen Weltbildes, spricht die entgegengesetzte Empfindung aus:*
> *Kopernikus hat am Himmel nur einen neuen Stern entdeckt – die Erde.*

Steiner (1861-1925) hatte in dem 1900 zum 300. Todestag Giordano Brunos gegründeten Berliner Giordano-Bruno-Bund im Vorstand mitgewirkt und 1904 sein erstes anthroposophisches Buch „Theosophie“ „dem Geiste Giordano Brunos“ gewidmet. In seiner weiteren, der geistigen Forschung zugewandten Aktivität, die sich zugleich über die zeitgenössische Naturwissenschaft gut informierte, wies er jedoch die geozentrische Weltauffassung nicht als völlig falsch zurück. Zum einen war ihm klar, dass sie für den magischen Bewusstseinszustand der früheren Kulturen ebenso angemessen war wie für das sich anschließende mythische Bilderbewusstsein der antiken Hochkulturen und für die danach aufkommende Glaubenswelt des Mittelalters. Mit dem Erwachen der Neuzeit war nun eine Aufklärung über die physisch-räumliche Natur des Menschen (erste gedruckte Anatomie des Menschen von Vesal 1543), der Erde (die Entdeckungsreisen) und des Kosmos (Kopernikus) fällig. Jede Entwicklungsperiode, gerade auch auf kulturellem Gebiet, hat ihre eigenen, zu ihr passenden Verständnismöglichkeiten. Steiner machte diesbezüglich einmal darauf aufmerksam, dass die Heliozentrik im ausgehenden Mittelalter schon vom Rosenkreuzertum, die Neuzeit vorbereitend, gewusst wurde (GA 233 a).

Zum 500. Geburtstag von Kopernikus hielt 1973 der amerikanische Kosmologe Brandon Carter einen Festvortrag, in welchem er die Überlegung von Robert Henry Dicke von 1961 aufgriff: Alle Naturkonstanten sind so beschaffen, dass sie die beobachtbare Welt einschließlich des beobachtenden Menschen ermöglichten. Nur um wenige Prozent veränderte Größen hätten nicht dazu geführt. Carter nannte dies ebenfalls „das anthropische Prinzip". Er unterschied davon zwei Fassungen: das schwache und das starke anthropische Prinzip. Das letztere besagt, dass damit nicht nur die vorfindbare Materie, das Leben, seelische Empfindungen und geistige Kulturleistungen möglich wurden, sondern dass dies alles im Laufe der beliebig vorhandenen Zeit notwendig entstehen musste. Letztere Aussage, eben die der kausalen Determination, kann man seit der Quanten- und Chaostheorie naturwissenschaftlich ausschließen. Das Prinzip der offenen Zukunft gilt, also der Indeterminismus des „schwachen" anthropischen Prinzips.

Die heutigen Vertreter eines „intelligent design" benutzen das starke anthropische Prinzip als Nachweis eines das Leben schaffenden Faktors (Barrow u. Hippler 1986) und erklären es als Gottesbeweis. Damit wird Gott allerdings bloß als ein Techniker eingesetzt, der nach den mechanischen Gesetzen der Physik und Chemie kausal das Leben zusammengebaut habe. Das ist inhaltlich doch wohl ein allzu platter Anthropomorphismus. Gott als kausal-mechanistischen Uhrmacher anzunehmen, ist ein

Vergehen an Gott selber. Liegt dabei doch nur der lineare Zeitbegriff Newtons zugrunde. Die in der neueren Physik und Biologie inzwischen entwickelten fülligeren Begriffe der »Zeitbindung« (Schad 2016) sind sehr viel tauglicher als ein bloßer Kausalismus der alten klassischen Physik des 19. Jahrhunderts.

Für den Beobachter auf der Erde beinhalten alle astronomischen Erscheinungen, dass sie uns nicht in ihrer Gegenwart, sondern aus ihrer Vergangenheit nachleuchten, da das Licht mit der endlichen Geschwindigkeit von knapp 300.000 km/Sek. zu uns kommt. Vom Mond braucht es 1,3 Sekunden, von der Sonne 8,3 Minuten, vom nächsten Fixstern, dem Toliman im Sternbild Centaur 4,3 Jahre, vom Sirius im Großen Hund 8,6 Jahre, vom Zentrum der Milchstraßengalaxie $2{,}8 \times 10^4$ Jahre und vom Andromedanebel $2{,}2 \times 10^6$ Jahre. Je weiter wir in den Sternenhimmel hineinblicken, desto gewaltiger zurück liegt die Vergangenheit, deren Licht wir erblicken. Der Sternenhimmel ist die vergegenwärtigte Vergangenheit. Wir sehen das Erbe des Universums.

In der Biosphäre der Erde erleben wir als einen Mesokosmos die lebende Gegenwart der Organismen und als solche auch uns selbst. Leben ist aber nicht nur Gegenwart, sondern zugleich auch seine Vergangenheit und Zukunft. Das Erstere ist sein Erbgut, das in jedem Organismus die gesammelte Essenz seiner Vorfahrenreihe de facto darstellt und das es an seine Nachkommen vererben wird. Sie ist in jeder höheren Zelle als helikale DNA oder RNA vorhanden. Das ist seine immer gegenwärtige Vergangenheit als ein internalisierter Mikrokosmos des Makrokosmos.

Diese Erbsubstanz kann allein aber nichts, wenn sie nicht von der lebendig-rhythmischen Enzymatik des Eiweißstoffwechsels im rechten Gegenwartsaugenblick abgerufen und sogleich verwendet wird.

Zugleich trägt diese dynamische Gegenwart die im Prinzip unbeschränkte Potenz zur Weitergabe des Lebens als gegenwärtige Zukunft in sich. Leben läuft also nicht nur in der physikalischen Newtonzeit linear im Nacheinander ab, sondern besteht in der fortwährenden Einbindung seiner festgelegten Vergangenheit und offenen Zukunft in die Gegenwart (Schad 2016). Die Gegenwart im Leben ist seine gleichzeitige Vergangenheit und Zukunft.

Wo ist dann die Zukunft des Makrokosmos gegenwärtig? Zukunft ist inhaltlich nicht beschreibbar, sondern offen. Aber die Potenz dazu muss doch schon jetzt da sein. In seinen letzten Darstellungen hat im Februar 1925 Steiner die Perspektive gehabt, dass die Erde nicht ein totes Staubkorn im Universum ist, sondern als Planet des Lebens mit dem für dasselbe verantwortliche Menschengeschlecht für die Zukunft die „Keimanlage", der „Weltenkeim", eben ein Samenkorn für einen in astronomischen Zeiten neuen Makrokosmos jetzt schon ist (GA 26, S. 197 ff).

Die Milchstraße von jenseits derselben

Doch die Glücksfälle der Lage der Erde im Milchstraßensystem hören damit noch nicht auf. Dieses ist eine relativ schmale Scheibe mit einem etwas verdickten Kern, besitzt also in sich eine Symmetrieebene zwischen den zwei gegenüberliegenden Himmelsräumen. Doch nicht in den einen oder in den anderen Raum ragt auf dem besagten Spiralarm (s. Abb. 30, S. 76) unser Sonnensystem herein, sondern liegt genau in der ausgewogenen Mittelebene dazwischen. Deswegen bildet die Milchstraße einen geometrischen Großkreis an unserem Himmelsgewölbe, dessen Mittelpunkt wir ja sind.

Von uns aus gesehen liegen alle anderen Sternnebel jenseits unserer Milchstraße, also im „extragalaktischen Raum". Nun wollten die Astronomen wissen, wie viele es in etwa wohl gibt. Ihre neusten Zählverfahren ergaben: etwa ebenso viele, wie es innerhalb der Milchstraße und in ihr an Sternen gibt (Herrmann 1973,S. 199). Welch eine polare Stimmigkeit zwischen dem Innen und dem noch gewaltigeren Außen, der zentrischen Sterne und riesig geweiteten Galaxien (Abb. 32).

Dabei zeigte sich, dass die Verteilung der Galaxien im Weltraum statistisch im Weltall nicht gleichmäßig chaotisch vorliegt, sondern dass viele sich in ca. zwei Dutzend Galaxiengruppen versammelt haben. So gehört auch unsere Milchstraße zur sogenannten „Lokalen Gruppe" aus ca. 17 zusammengehörigen Galaxien (Weigert, Zimmermann 1974, S.195).

Die größten drei Nebel in ihr sind ihre einzigen Spiralnebel. Alle drei können wir mit bloßem Auge sehen. Am besten natürlich unsere Milchstraße, in der wir stecken. Dann, am Nordhimmel, besonders gut im Herbst und Winter, das kleine Nebelwölkchen oberhalb des Mittelsterns im Sternbild der Andromeda. Und drittens gleich darunter im Sternbild des Dreiecks der Triangelnebel, diesen allerdings nur in ganz dunkler Nacht ohne Störlicht und mit besonders guten, scharfen Augen, sonst hilft schon ein einfaches Fernglas.

Abb. 32: Der Triangelnebel M33, NGC 598 mit seinen besonders weit ausgreifenden Spiralarmen im Sternbild nördliches Dreieck (Wikimedia Commons, Alexander Meleg).

Sie bilden eine echte Dreiheit: Der Andromedanebel ist anderthalb mal größer und so auch an Masse schwerer als unsere Galaxie. Er ist enger gewunden, und die Farbverteilung ihrer Sterne zeigt, dass sie weniger Dynamik hat und so, veraltet, ruhiger gebaut ist. Der Triangelnebel ist halb so groß wie der Milchstraßenumfang, eine weit geöffnete Spiralform von viel mehr als Vollmondgröße am Himmel nahe dem nördlichen Kopf der beiden Fische gelegen, die Peripherie voll zahlloser junger Sterne im Entstehen und deshalb mit seinen Innenpartien nur viel kleiner sichtbar (Herrmann 1973, S.239). Er besitzt also auch weniger Masse als die beiden anderen Nebel. Der uns selbst umgebende Spiralnebel besteht in einer Mittellage der Eigenschaften, die harmonisierend die Extreme meiden. Der enggewundene Andromedanebel besitzt 2 Spiralarme (Abb. 28), unsere offenere Milchstraße 4 (Abb. 30, und der extrem offene Triangelnebel besitzt 6 (Abb. 32). Dabei ist der erste fast nur Kern, der letztere besteht fast nur aus offenen Spiralarmen, und unsere Milchstraße zeigt beides gleichgewichtig. Letzteres können wir direkt sehen. Ist doch bei uns im Winter ihr sichtbares Band als die schwach schimmernde Peripherie zu sehen und im Sommer weit zum Süden hin als der leuchtendere Kernbereich (besonders auf der Südhalbkugel).Der englische Astrophysiker Nigel Henbest verglich die drei Großnebel drastisch:

> *Auch bezüglich der Temperatur liegt unsere Galaxis zwischen der dahin dösenden Andromeda, in der nur sehr wenig Aktivität irgendwelcher Art festzustellen ist, und der feurigen Triangulum-Galaxie mit ihren leuchtenden Nebeln und ihrem röntgenstrahlenden Kern. Aktive Sternenentstehungsgebiete in den Armen der Milchstraße und Störungen in ihrem Zentrum machen unsere Galaxis zu einem nicht allzu gefährlichen Wohnort. (Henbest u. Couper 1996,S.57)*

Denn wir liegen außerdem in ihr auf der Mitte dazwischen. Damit ist ihre Lebenstauglichkeit sogar innerhalb der gesamten lokalen Galaxiengruppe gekennzeichnet. Auf sie passt also besonders gut das griechische Wort „Kosmos“ = Schönheit. Sie hat unter ihren Geschwistergalaxien am meisten „Kosmetik“. Das alles wurde entdeckt, ohne dass man es vorher erwartet hatte. Umsomehr verblüfft und überrascht waren ihre Entdecker.

Abb. 33: Der bisher fernste erfasste Galaxienhaufen SMACS 0723, im Sternbild des Fliegenden Fisches (Volans) am Südhimmel löst sich in unzählige Galaxien auf. Infrarotaufnahme in der Nacht zum 12.7.2022 mit dem in den Weltraum geschossenen Space Telescope James Webb / Science Institute Baltimore. Links oben von der Mitte: Vordergrundstern innerhalb unserer eigenen Galaxie (NASA, ESA, CSA, STScI).

Abb. 34: Die völlig durchsichtige Rippenqualle (Mnemiopsis Leidyi) leuchtet an den lichtbrechenden Plättchen als den Bewegungsorganen an ihren Rippen in reinen Spektralfarben auf (Cornelia Jaspers / GEOMAR / DTU Aqua).

Vom Erdenleben zur Erdenseele

Kant beschrieb 1781 den Unterschied von Begriff und Idee („Kritik der reinen Vernunft", siehe auch Steiner, GA 2, Kap. 12). Zu jedem Begriff gehört seine verlässliche Definition (von „finis" = Grenze), also die Begrenzung seines Bedeutungsumfangs. Damit kann dann der Verstand operieren, da die eine seelische Seite in jedem Menschen gerne gesicherte Standpunkte sucht, z. B. verlässliche Gesetze. - Bei der Idee hingegen ist der Bedeutungsumfang wachstumsfähig, kann sich also erweitern. Damit geht die Vernunft (von „vernehmen") um, die hierdurch offen und weltfreundlich ist, weil der Weltgehalt sich selbst dauernd verändert (Schad 2009, 2013b). Das ist die zweite, ergänzende Seite im menschlichen Denken, dort, wo es aufnahmefähig und zukunftsoffen ist.

Was wir in den bisherigen Ausführungen gemacht haben, ist, den Begriff des Lebens in seinem verstandesmäßigen Verfolg hin zur Idee des Lebens zu erweitern. Die Biochemie definiert die organische Chemie als die des Kohlenstoffs. Dies trifft aber schon für den Wassergehalt der lebenden Substanz nicht mehr zu, bestehen doch alle lebenden Zellen der Ein- und Mehrzeller zumeist weit mehr als zur Hälfte aus Wasser, das selbst keine Kohlenstoffverbindung ist. Schon wir Menschen bestehen nach der Geburt je nach Alter, trotz z.B. aller mineralisierten Knochensubstanz im Skelett, aus 80 - 60% Wasser.

Das drastischste Beispiel sind die Rippenquallen der Meere. Ihre Körpersubstanz besteht zum allergrößten Teil, der gallertartigen Mesogloea und ihren Zellen, zu 99% aus Wasser. Zusammen mit den wenigen weiteren Zellgeweben leben sie mit 95% Wassergehalt (Wurmbach, Band 2, 1968, S. 140). Der Rest sind die kohlenstoffhaltigen organischen Substanzen. Diese nahezu vollständig klaren, lichtdurchzogenen niederen Tiere leuchten in den oberen lichtdurchfluteten Wasserschichten in herrlich prismatischen Brechungsfarben auf (Abb. 34). Schon an der Nordsee ist die „Seestachelbeere" leicht am Spülsaum zu finden. In ein Glas voll Meerwasser gegeben,

Abb. 35, links:
Gerader Rauchquarz mit spiralig linksdrehender Rauchquarz-Gwindel. Göscheneralp / Schweiz (W. Schad).

Abb. 36, rechts:
Rechtsdrehende Bergkristall-Gwindel. Grimsel / Schweiz (W. Schad).

zeigt sie sogleich die im klaren Licht gebrochenen reinen Spektralfarben. Hier sieht man anschaulich, wie selbst ihr Wassergehalt in den pulsierenden Bewegungen mitlebt. Will man aber an der obigen Definition festhalten, so ist auch sie leicht ideell verständlich. Der Kohlenstoff steht im Verwandtschaftssystem der chemischen Elemente, dem Periodensystem, in der besten Mittellage zwischen den lebensfeindlichen extremen Laugen- und Säurebildnern, den Alkali und Halogenen, eben in der vierten unter den sieben Hauptgruppen. – Das direkt darunter stehende Silizium (Si) ist, mit dem Sauerstoff zu Silikaten verbunden, quantitativ der überragende Bestandteil der gesamten Erdrinde (ca. 60%). Die Grundsubstanz, der Quarz (SiO_2), kristallisiert als Bergkristall. Dieser ist eines der ganz wenigen Mineralien, welche die aller lebenden Substanz eignende molekulare Spiralstruktur der asymmetrischen Händigkeit (Chiralität) besitzen. Alle Einkristalle des Bergkristalls sind entweder rechts- oder linksdrehend in ihrer inneren Struktur gebaut. Das kommt sogar gelegentlich in bestaunenswert gedrehten Kristallaggregaten, den Wendeln oder Gwindeln, sichtbar zutage (Schad 1981a, Abb. 35 und 2004, Abb. 36). Entsprechend ist ihre physiologische Wirkung, fein pulverisiert, auch auf das Pflanzenwachstum verschieden. Es ist der rechtsdrehende Quarz, welcher die Bildung des rechtsdrehenden Traubenzuckers als das erste Ergebnis der Photosynthese unterstützt (Senger 1987).

Was nun die Lebensfreundlichkeit des Wassers ausmacht, seien die Chemiker unter den Lesern an Folgendes erinnert: Es nimmt in seinen Reaktions- und Bindefähigkeiten seinerseits eine ausgesprochene Mittellage ein. Am schnellsten reagieren miteinander polar elektrisch positiv oder negativ geladene Bindungspartner, Ionen genannt, nämlich unmessbar schnell; sie haben eine „heteropolare“ Bindungsweise, indem Plus und Minus sich schlagartig gegenseitig anziehen, womit die chemische Reaktion beendet ist. Das Gegenteil ist die „homöopolare“ Bindung, die so stabil ist, dass organische Reste wie Erdgas, Erdöl, Mineralfette, Pech etc. als Kohlenwasserstoffe über riesige geologische Zeiten hin unverändert in der Erde ruhen können. Bestünden lebende Organismen vorwiegend aus Ionen, so wären sie in weniger als Sekundenschnelle am Ziel, also tot. Bestünden sie aus extrem stabilen Verbindungen, so bliebe etwaiges Leben schon im Anfang stecken, selbst ja auch solch energiehaltige Stoffe wie die Kohle. Das Wasser, als zentrale Substanz des Lebens, ist sowohl eine homöopolare wie eine heteropolare Verbindung, und das zugleich übergänglich, und schenkt so der lebenden Chemie gemächliche Geschwindigkeiten in einem breiten Spektrum und damit eine mittehaltende Lebensdauer. Die meisten anderen organischen Substanzen zeigen ebenfalls solche übergänglichen, zeitgedehnten Bindungsverhältnisse in der gemilderten Spannung der Gegensätze. Der versierte Chemiker möge an die reiche Mesomerie z. T. in der Anorganik, besonders aber in der organischen Chemie denken.

Auch die zu Bergkristall kristallisierende Kieselsäure kann von vielen Organismen neben den Kohlenstoffverbindungen in den lebenden Stoffwechsel einbezogen werden (Radiolarien, Kieselalgen, Kieselschwämme, Kieselkorallen etc.). Im Menschen ist die durchsichtige Augenlinse besonders reich an Kieselsäure. Die festen Gesteine der oberen Erdrinde, insbesondere die Kontinentsockel, bestehen, wie schon gesagt, zu 60% aus entwässerter Kieselsäure (SiO_2). Wir wiederholen deshalb noch einmal: Das Silizium (Si) ist in der natürlichen Ordnung der chemischen Elemente, dem Periodensystem, das nächstverwandte Element zum Kohlenstoff. Beide stehen in der Mitte ihrer jeweiligen Periode zwischen den extremen Laugenbildnern (Alkali) und den extremen Säurebildnern (Halogenen). Nur in der gemäßigten Mitte besteht auch hier die Lebenstauglichkeit.

Abb. 37: Finnischer Kugelgranit (Pallograniti) zwischen Tampere und Kuru beim Gehöft Poikelus. Von Eiszeitgletschern abgeschliffenes und angewittertes Vorkommen in räumlich-rhythmischer Bildung aus Quarz, Feldspaten und Hornblende. Dieses Tiefengestein zeigt auf Silikatbasis makroskopisch, was alle organischen Mehrzeller in ihren Zellgeweben an durchrhythmisierter Feinstruktur enthalten (W. Schad).

Beide mittleren Elemente können in ihren jeweiligen Verbindungen ausgesprochen gut Kolloide bilden. Das sind pudding- und leimartige Substanzen, welche weder fest noch flüssig sind, sondern dazwischen von fast-flüssig bis fast-fest – je nach Wasseraufnahme – unbegrenzt gleitend variieren können. Hinzu kommt im Lebensvorgang auch der Einbezug von gasförmigen Substanzen wie z. B. Kohlendioxyd, Sauerstoff, Stickstoff etc., die sich in den Kolloiden z. B. des Zellinneren lösen. Was sich bei den meisten anorganischen Verbindungen physikalisch, deutlich getrennt, eben nur im festen, flüssigen oder gasförmigen Zustand befindet, ist im Leben bei mittleren Temperaturen engstens gemeinsam integriert. Das harte Entweder-Oder ist im Sowohl-als-auch des Lebens mittebildend auf wässriger Grundlage zum hochvariablen Ineinander gebracht. Aller lebende Zellinhalt besteht aus solchen gasstoffwechselnden Kolloiden. Das beste Beispiel ist das die Atmungsgase verteilende Blutplasma und die Blutkörperchen, die beide Kolloide sind, nur mit einmal mehr und einmal weniger Wassergehalt.

Was für die einzelligen Lebewesen der strukturbildende Kohlenstoff ist, das stellt für die Oberflächengestaltung der Erde das etwas schwerere Silizium dar. Auch es kann in seinen Verbindungen kolloidales Kieselgel (Gallerte) bilden, aus dem z.B. sich der Schriftgranit und besonders die Kugelgranite in rhythmischer Ausfällung bilden konnten (Abb. 37 und 38, sowie Schad 1981 b). Und so wie die Kieselsäure in feinen Mengen in den biochemischen Stoffwechsel der Kohlenstofforganismen einbezogen ist,

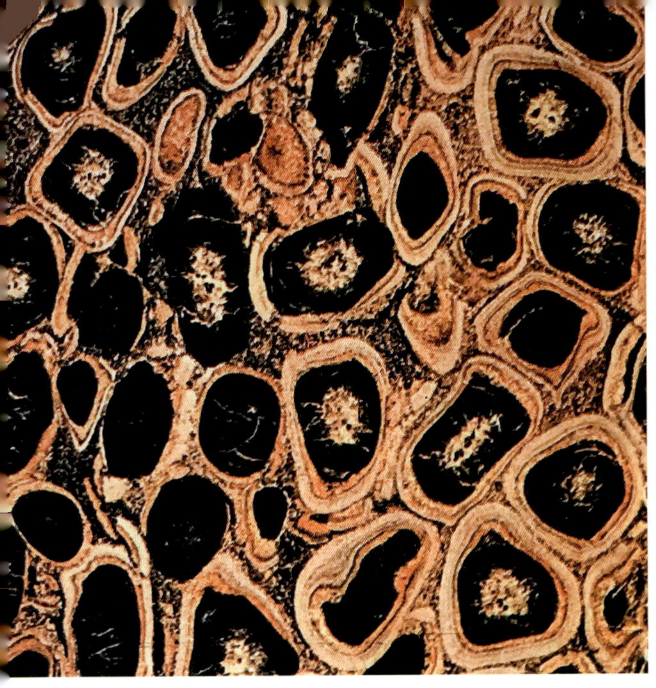

so auch der Kohlenstoff in die kieselsauren Gesteine der ganzen Erde. Ihre Silikate machen in den Tiefengesteinen der Kontinentsockel die Hauptstruktur aus, sind aber hinwiederum selbst, wie schon genannt, durchzogen mit im Durchschnitt 3% mineralisiertem Kohlenstoff, dem Graphit. Damit beinhaltet heute die Erdrinde mehr organisch abgelagerten Kohlenstoff, als derzeit alle Einzelorganismen auf ihr zusammen enthalten. Dazu gehören alle Kohlen, das Erdöl und Erdgas. Die Menge an Biomasse blieb dabei, in den uns bekannten Perioden der Erdgeschichte, in der Erdrinde weitgehend gleich! (Pflug 1984, S. 127)

Abb. 38: Angeschliffene Platte des Poikelus-Kugelgranits. Die Ausrichtung länglicher Kugeln zeigt die Fließrichtung des einst kolloidalen Zustandes, die gegenseitig verdrückten Kugeln noch deutlicher ihre halbflüssige Konsistenz, deren Brüche die begonnene Verfestigung, ihre teilweise Unvollständigkeit ihre Wiederauflösung im Granitmagma (Prospekt der Steinverarbeitung in Kuru).

Diese und viele weitere Entdeckungen in der zweiten Hälfte des 20. Jahrhunderts haben den englischen Physiologen James Lovelock dazu veranlasst, den Planeten Erde als einen lebenden Organismus zu bezeichnen, aber auch ebenso als ein beseeltes Lebewesen, das seine Lebensprozesse fühlt und empfindet. Er nannte 1972 die so aufgefasste Erde mit der griechischen Bezeichnung der Erdgöttin „Gaia". Gibt es dafür eine seelische Empirik? Seelisches lässt sich nicht abzählend quantifizieren. Antipathie und Sympathie, Freude und Trauer, Treue und Wohlwollen lassen sich wohl in ihren physischen Äußerungen, aber nicht in ihrer seelischen Unmittelbarkeit messen. Hinzu kommt, dass die Sprache ein gutes zwischenmenschliches Verständigungsmittel über die gegenständliche Außenwelt ist, aber kaum die Worte dafür bietet, zu sagen, was man seelisch doch „real" empfindet. Die Dichter versuchen dafür seit jeher eine „Verdichtung", aber gerade sie kennen das Problem der Verkürzung durch Sprache gut. So Schiller: „Spricht die Seele, so spricht, ach! die Seele nicht mehr."

Und doch kennt der seelisch Sensibilisierte das Seelenhafte alltäglich auch in den Naturvorgängen um sich. Man muss sich dabei nur klarmachen, dass jeglicher

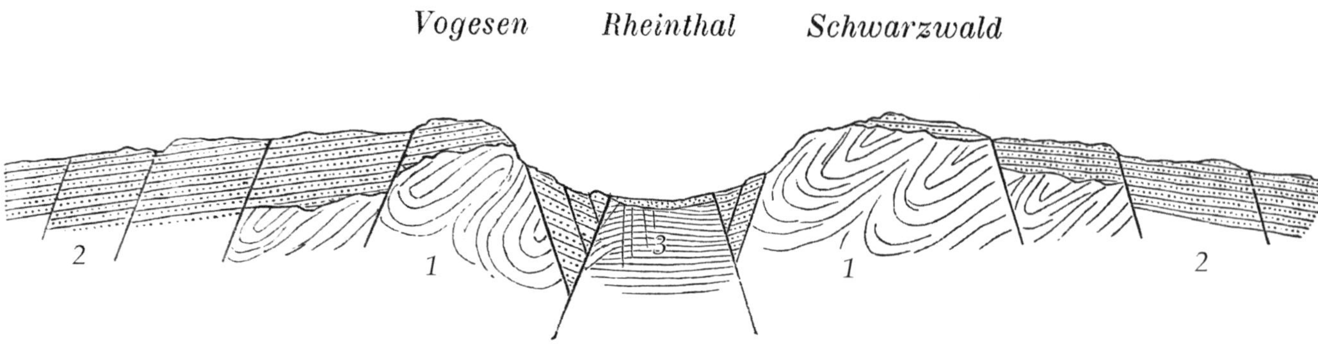

Abb. 39: Geologischer Querschnitt durch die südliche Oberrheinische Tiefebene mit spiegelbildlich gleichem Gesteinsaufbau der Vogesen und des Schwarzwaldes, die vor dem Grabenbruch ein gemeinsames Gebirge waren. Gesteine (1) der Frühzeit, (2) des Erdmittelalters, (3) der Erdneuzeit (nach: A. Andreae, aus Credner 1891).

sprachliche Austausch nicht die Erfahrungsinhalte selbst wiedergeben kann, sondern Sprache nur Hinweischarakter hat, wo und wie die Inhalte selbst erfahren werden.

Je mehr sich der Mensch mit Hilfe der Technik eine zweite Welt innerhalb der naturgegebenen Welt aufgebaut hat, in der er nun lebt und arbeitet, desto mehr zieht es ihn in seiner Freizeit wieder hinaus in die möglichst noch von ihm unberührte Natur. Dort sucht er zur Erholung merkwürdigerweise die Erlebnisse, die ihm seine selbstgeschaffene Zivilisation nicht bieten kann.

Wo fährt man hin in den Ferien? Das ist je nach eigener Konstitution recht verschieden. Für viele sind es die Meeresküsten, für eine deutlich kleinere Bevölkerungsgruppe die Berge bis hinauf ins Hochgebirge. Für viele in Mitteleuropa sind es die Mittelmeerländer im sonnigen Süden. Ganz anders verhält sich der Typus der Skandinavien-Liebhaber, die den Eindruck haben, dass sie sich dort viel besser erholen können. Was mutet jeweils den Erholungssuchenden in der jeweiligen Landschaft an? Es ist nicht nur die augenfällige Seite der jeweiligen Landschaft, sondern ein bestimmtes seelisches Valeur derselben, das zum Wohlgefühl beiträgt.

Für viele sensible Menschen macht es einen Unterschied, ob der geologische Untergrund aus basischem Kalkgestein oder aus sauren Silikaten besteht. Damit ist ja nicht nur der Untergrund verschieden, sondern auch die Pflanzenwelt darauf und somit auch die Tierwelt darin. Aber nicht nur solche einzelnen Faktoren sind es, sondern die jeweils unterschiedlichen Landschaftsstimmungen.

Vor dem Einbruch des geologischen Grabens der Oberrheinischen Tiefebene waren Schwarzwald und Vogesen ein gemeinsames Gebirge mit heute noch symmetrischem geologischen Aufbau. Einst rissen Dehnungsvorgänge sie auseinander, der dadurch entstandene geologische Graben sank in die Tiefe, und ihn füllte der Urrhein mit den Geröllen der Alpenverwitterung zur heutigen Tiefebene auf (Abb. 39). Trotz gleichem und gleichaltem geologischen Bau sind beide Mittelgebirge von deutlich verschiedener Landschaftsstimmung, die jeder sofort bemerkt, wenn er einmal hier und einmal dort gewandert ist. Trotz völlig gleichen Lichtverhältnissen sind die Vogesen in ihrer seelischen Stimmung lichthafter, leichter, nach oben „offener". Der Schwarzwald wirkt kauziger, die Taleinschnitte düsterer, die Wälder stimmungsmäßig dunkler; er trägt tatsächlich seinen Namen zu recht.

Eine ähnliche Landschaftspolarität erlebt man im Harz auf dem Brocken, dem höchsten Berg des hiesigen nördlichsten Mittelgebirges. Steht man am frühen Morgen zum Sonnenaufgang auf dem noch menschenleeren Gipfel und blickt eine Zeit lang nach Westen in den Oberharz in unbefangener Offenheit, und dann nach Osten zum Unterharz, so wirkt ersterer verschlossener und letzterer idyllischer, sonniger, entspannender; geht dieser doch gleitend über in die „Goldene Aue" Thüringens, während jener sich steil vom niedersächsischen Umland abhebt. Macht man die Empathieübung mit einer Gruppe unter Vermeidung sofortiger Beurteilung, sondern lässt man den Eindruck sich setzen und bespricht erst nach der Rückwanderung in der abendlichen Rückschau das Morgenerlebnis, so kommt bei fast allen das Gleiche von selbst heraus.

Es gibt unter den unterscheidbaren Landschaftsräumen oft deutliche Landschaftsschwellen. Der Teutoburger Wald ist eine solche. Nach Westen „riecht" die Paderborner und Münsterländer Bucht nach seelischer Kühle und Nüchternheit (obgleich tiefer und damit klimatisch wärmer gelegen). Nach Osten zum Weserbergland hin erscheint die Landschaft feinfühliger, heimeliger, seelenwärmer.

Nord- und Ostsee sind ihrerseits stimmungsmäßig deutlich ebenso polarisiert, und das ganze Schleswig-Holstein ist die Landschaftsschwelle dazwischen. Ferien an den dortigen Küsten sind je nach Erholungsbedarf sehr verschieden. Die Nordsee ist dramatisch: rauh und wild. Die Ostsee entspannt besser, ist für Ferien kinderfreundlicher, hat zartere Farben in epischer Weite. Jetzt versteht man besser die Seebilder Emil Noldes von der Nordseeküste und die gemalten Ostsee-Landschaften Caspar David Friedrichs, aus Greifswald gebürtig.

Die Schwaben haben beides in dem Gegensatz des „Unterlandes" vor der Schwäbischen Alb und des „Oberlandes" auf ihr. Selbst vom Zug oder Auto aus ist es jedes Mal deutlich: Das Unterland ist keineswegs eine Ebene, sondern hügelig fein gegliedert; hier wirkt alles emsig und durchgegliedert. Sowie man die Oberkante der Alb erreicht hat, weht einen unsichtbar der weite Atem des Ostens an. Nach Nordwesten fließen alle Wasser zum Rhein, nach Südosten alle Bäche und Flüsse zur Donau. - Oft sind Wasserscheiden auffällig deutliche Schwellen zwischen Landschaftsseelenräumen. Zum Rhein haben es Neckar, Fils und Rems nicht weit. Zur Donau hin – mit ihrem viel größeren europäischen Einzugsgebiet - weht seelisch schon das Schwarze Meer über den Balkan her bis ins schwäbische Oberland.

Nördlich des Bodensees kommen sich die Einzugsbereiche von Rhein und Donau auf engem Raum sehr nah. In dieser Wandergegend ist der Umschlag der Landschaftsstimmungen oft auf wenigen Kilometern spürbar.

Erinnern wir noch an wenige Beispiele in der Südschweiz. Die Tessiner haben immer den Gegensatz zwischen dem Lago Maggiore und dem Lago di Lugano erlebt. Die wichtigste Verbindung bildet der niedrige Pass des Monte Ceneri. So gibt es den deutlichen Unterschied zwischen dem Sopraceneri und dem Sottoceneri.

Im Sopraceneri sind die beiden nördlichen Zuflusstäler zum Lago Maggiore, das Verzascatal und das Maggiatal, drastisch verschieden. Die Verzasca fließt durch ein enges, geradezu beängstigend steiles V-Tal, das abweisend antipathisierend wirkt, auch wenn man ihm sympathisierend entgegenkommt. Das Maggiatal = Maiental ist ein offenes U-Tal mit lieblichen Ortschaften und einer sonnenhaften Ausstrahlung.

Alle Gebirgspässe sind scharfe Wasserscheiden und so besonders die der Zentralalpen, die zumeist ostwestlich streichen und nur in ihren hochgelegenen Sätteln den nordsüdlichen Durchgang natürlicherweise zulassen. Der Brennerpass oder der Gotthardpass sind seit altersher drastische Erlebnisumschläge, treffen sich doch hierbei direkt Mittel- und Südeuropa. Auf dem Gotthardpass stand Goethe auf jeder seiner Reisen in den Jahren 1775, 1776 und 1797. Jedesmal erfasste ihn dort oben die Italienstimmung, doch jedesmal widerstand er. Beim dritten Mal erreichte ihn die Nachricht vom Tod der jungen Schauspielerin Christiane Becker-Neumann aus Weimar. In sein Totengedicht „Euphrosyne" ging die Schilderung der dortigen Bergwelt mit ein. Es entstand auf der Rückwanderung vom Gotthard und umschreibt die nördliche Stimmung.

Abb. 40: Scheideblick vom Gotthardpass ins obere Tessintal. Im Vordergrund sitzend vermutlich Goethe, stehend Jakob Ludwig Passavant (1751-1827), ein Frankfurter Jugendfreund, der Goethe auf seiner ersten Schweizer Reise begleitete. Unfertige lavierte Zeichnung Goethes vom 22. Juni 1775 (Wikicommons).

Schon auf der ersten Reise in die Schweiz hatte Goethe mit seiner hohen Empfänglichkeit für die durchrittenen und durchwanderten Landschaften intensive – heute würde man sagen: existenzielle – Erlebnisse. Auf dem Zürichsee kamen ihm am 11. Juni 1775 die Reimzeilen:

Ich saug an meiner Nabelschnur
Nun Nahrung aus der Welt.
Und herrlich rings ist die Natur,
Die mich am Busen hält.

Die Naturlandschaft wird ihm zum Mutterkuchen und zur Milchnahrung, die ihn erhalten. Die Umwelt ist ihm nicht Außenraum, sondern Weltinnenraum, in welchem wir alle uns entwickeln.

An Johanni, dem 21. Juni, steigt er in das steile Tal der jungen Reuß zum Gotthard durch das „Urner Loch“ und über die Teufelsbrücke in enger Schlucht, und er notiert sich im Reisetagebuch,

Dass es der Erde sauwohl und so weh ist zugleich.

Am 22. Juni steht er oben auf der Höhe des Gotthardpasses (2108 m) und blickt nach Süden herunter in die italienische Schweiz. Der ihn begleitende Frankfurter Jugendfreund Jakob Ludwig Passavant (1751-1827) ist begeistert und will ihn zum Abstieg bis Mailand bewegen. Doch Goethe widersteht verzichtend aus ihm selbst unerfindlichen Gründen. Früh zurückgekehrt, trifft er dadurch noch zur Zeit auf den Erbprinzen Karl August von Weimar, der ihn überraschend in sein Herzogtum als Jurist einlädt. Dort trifft er am 7. November 1775 ein und findet hier seinen Wirkungsort bis zum Tod. Sein unerklärlicher Entschluss beim Blick auf die Landschaftsscheide der Zentralalpen stellte die Weiche für sein ganzes Leben. Dort oben zeichnete er den Anblick hinunter ins Tal des jungen Ticino und zur gegenüberliegenden Bergkette des Madone und Cristallina: „Ich zeichnete nach Art der Dilettanten, was nicht zu zeichnen war." (Abb. 40)

Über den erlebnishaften Blickunterschied zwischen beiden Richtungen ist von ihm kein Wort überliefert. Doch jedesmal ist er mächtig spürbar. Wolfgang Bechtle beschrieb ihn 1975 spontan wie folgt, wobei die physische Nase nichts davon zu riechen braucht:

> *Wohl schon zwanzigmal bin ich im Tessin gewesen, aber wir machen doch immer wieder unseren alten Spaß: Wenn wir oben am Gotthard angekommen sind, fahren wir ganz vor bis zu jener Stelle, da die berühmte „Tremola", jene abenteuerliche Kurvenstrecke nach Airolo hinunterführt, und dort steigen wir aus. Wir drehen uns gen Norden: Himmel grau, wolkenverhangen, es riecht nach Mief und Büro. Wir wenden uns gen Süden: blau lacht das Gestirn, es duftet nach Kastanien, Oliven, Oleander, Agaven. „Riechst du's?", fragen wir dann, und alle nicken stumm. Vor über zwanzig Jahren bin ich mit einem Freund, der inzwischen ein berühmter Mann geworden ist, mit dem Motorrad da oben am alten Gotthardhospiz gestanden und wir haben zum erstenmal die Tessin-Riechprobe gemacht. „Aber ehrlich", sagte damals mein Beifahrer Horst Stern, „man riecht's einwandfrei!"*

*

Noch gewaltiger ändert sich das seelische Landschaftsantlitz der Erde auf anderen Kontinenten und noch mehr zwischen ihnen. Die Tropen Afrikas mit ihren Regenwäldern und Hochgebirgen sind etwas ganz anderes als im tropischen Südamerika das Amazonasbecken und die Andenkette, und wieder anders ist die Tropenwelt Südostasiens.

Abb. 41: Der Kilimandscharo vom Amboseli-Nationalpark in Südkenia aus gesehen, 1999. Im Zuge der globalen Erderwärmung beginnt auch die Gletscherkappe des höchsten Berges Afrikas abzuschmelzen (Wikicommons).

In Ostafrika erheben sich direkt um den Äquator die drei Inselberge Elgon, Kenia und Kilimandscharo mit 4321 m, 5194 m und 5895 m Höhe. Letzterer, der größte Berg Afrikas, trägt von der heißen Massaisteppe bis zum „ewigen Eis“ seiner Gipfelkappe alle Klimazonen der Erde (Abb. 41, 42). Hat man vor Ort den Vergleich mit

Abb. 42, rechts: Die noch schwach rauchende Schale des Gipfelkraters des ‚Kili" inmitten von Schnee und Eis seines breiten Hauptes. (G. Mazula, 1999).

Abb. 43: Der fast 1000 Meter niedrigere Doppelgipfel des deutlich älteren Mount Kenya ist so weit abgewittert, dass der härtere Vulkanschlot steil in den Himmel ragt (käufliche Postkarte).

dem etwas nördlicher gelegenen zweithöchsten Mount Kenya, so wirkt dieser schroffer, abweisender, „mürrischer“ (Abb. 43). Der Kilimandscharo in seiner breit hingelagerten Monumentalität (seine Basis ist so groß wie der ganze Harz) strahlt eine Souveränität aus, die bei allen drei Inselbergen da ist und doch beim „Kili“ am größten (Schad 2001). Er macht am meisten den Eindruck einer halben Erdkugel. – Tagsüber hüllt er sich oft in Wolken ein, die an ihm kondensieren. Wenn diese dann am frühen Morgen noch fehlen oder am späten Nachmittag verschwinden und sein weißes Haupt sichtbar wird, lassen alle, gleich ob Schwarze, Farbige oder Weiße, ihr augenblickliches Geschäft liegen und schauen hin: „Da ist Er.“ In seiner Insellage und gewaltigen Höhe ist er weithin sichtbar, und ringsum hat man die Toten so bestattet, dass sie mit dem Antlitz zu „Ihm“ schauen können.

Jeder dieser Berge hat seine eigene Persönlichkeit. Und so wie in Europa am höchsten Berg des Riesengebirges, der Schneekoppe und ihrer Umgebung, der Geist Rübezahl verehrt wurde, so noch heute am Kilimandscharo dessen Berggeist Ndscharo. Lima heißt „Berg“. Sein Name heißt: Berg des Ndscharo. Ist das nur eine Projektion eines unaufgeklärten Stammesglaubens? Oder ist diese eurozentrische Anfrage selbst unsere eigene Projektion auf Andere? Man setze sich dem Erlebnis aus, und der Berg wird jedem seine Antwort einfühlbar vorleben.

Woher nehmen wir den Narzissmus, dass nur der Mensch aus sich allein Seelisches und Geistiges kennt und die ganze Welt um uns herum (oft unter Einschluss der Mitmenschen) nur „gegenständliche“ Objekte sind, die uns „gegenwärtig“ in Distanz „gegenüberstehen“, oder von uns sogar nur konstruiert werden? Natürlich gibt es dabei die gegenteilige Gefahr, animistisch die Umwelt mit eigenen Subjektivismen zu bevölkern. Beidesmal hilft dagegen nur eins: die unbefangene Erfahrung. Sie ist immer mehr als die Vorstellung oder Einbildung von einer Gegebenheit.

Wer den Haupteinwand vorbringt: „Das kann ich mir nicht vorstellen“, sei daher froh darüber. Denn Vorstellungen sind prinzipiell nur Abbilder, also nur Scheinbilder und nicht Wahrnehmungen. Auf letztere kommt es wörtlich an, und wenn sie noch so anfänglich sind, je höher man greift. Sonst bleiben wir weiter weltfremd, kennen keine Ehrfurcht mehr vor der Welt um uns, der wir uns doch verdanken, und zerstören sie. Anstatt dass wir sie, geschunden wie sie schon ist, anerkennen und zu heilen beginnen. Im Englischen gibt es, wie schon erwähnt, die Bezeichnung *Geomedicine*.

Die Eiskappe des Kilimandscharo, der Kibo, ist ein Geothermometer des globalen Großklimas. Sie schmolz in den letzten dreißig Jahren massiv ab und droht zu verschwinden. Entsprechend schmelzen die Packeiszonen des Polarmeeres und nehmen der Eisbärenpopulation des hohen Nordens den Lebensraum. Mit dem Ansteigen des Meeresspiegels sind auch wir gefährdet, wenn wir nicht bei der Therapie der Erde erst einmal beginnen, unbelastet von mitgebrachten Vorstellungen wahrzunehmen, was sich zeigt. Selbst Kant, der noch „das Ding an sich" nicht für erkennbar hielt, bemerkte später, dass uns nicht die Sinneswahrnehmungen täuschen, sondern unser Urteil über sie. Es gibt keine Sinnestäuschungen. Was wir dafür halten sind nur unsere eingefahrenen blitzschnellen Urteile. Originaler Wortlaut bei Kant:

„Die Sinne betrügen nicht." Dieser Satz ist die Ablehnung des wichtigsten, aber auch, genau erwogen, nichtigsten Vorwurfs, den man den Sinnen macht; und dieses darum, nicht weil sie immer richtig urteilen, sondern weil sie gar nicht urteilen; weshalb der Irrtum immer dem Verstande zu Last fällt" (Anthropologie in pragmatischer Hinsicht, 1798).

Bei Goethe heißt es: „Die Sinne trügen nicht, das Urteil trügt" (Maximen und Reflexionen 1193). Ist er selbst darauf gekommen, oder hatte er es von Kant? Oder beide aus ihrer Selbstaufklärung? Unsere Erfahrungen werden allzuleicht blitzartig mit bloßen Erinnerungsvorstellungen beurteilt.

Die heutige moderne Gesellschaft ist das Durchgangsstadium zwischen der global zumeist verloren gehenden wundervollen Kindheitsphase der Menschheit und der sich langsam abzeichnenden selbstverantworteten Mündigkeit. Dazwischen liegen für den Einzelnen wie für die Gesellschaft die pubertären Übergänge – notwendigerweise. Diese sind gekennzeichnet von dem Erwachen der vollen Fähigkeit zur kritischen Analyse. Doch die Welt besteht nicht nur aus Einzelheiten, sondern ebenso aus ihren Zusammenhängen.

Jede Tugend birgt die Gefahr in sich, zu vereinseitigen. Bleibt man allein in der Analyse stecken, zerstört man die Welt, und die globale Ökokrise ist das Ergebnis. Erschaut man sogleich die großen Zusammenhänge ohne jegliche Analyse, so wird das Handeln ebenso weltfremd. Erst die Analyse, dann die Synthese folgen lassen – das ist das Kennzeichen von Mündigkeit.

Das eigene Leben macht es uns längst vor: Zuerst zerhacken wir unser Essen physikalisch im Munde, dann zerlegen wir es im Magen und Darm chemisch in immer kleinere Einzelheiten. Dann setzen jenseits der Darmwand die organischen Synthesen, insbesondere in der Leber, ein und lassen uns aufleben.

Die Naturwissenschaften werden dann zum welttauglichen Kulturleben, wenn Geologie, Biologie und Anthropologie in diesem Sinne zu Geosophie, Biosophie und Anthroposophie werden. Das Einzelwissen kann zu weltfördernder Weisheit werden. Wir haben gerade durch die Naturwissenschaften ein solch ausgezeichnetes Einzelwissen erreicht, dass die Zeit überreif ist, Verantwortung für alles Leben auf der Erde zu übernehmen. Es gibt keine Stelle mehr auf der Erde, wo nicht die natürliche Radioaktivität durch den Menschen des 20. Jahrhunderts überhöht worden ist.

In den Frühkulturen waren Religion, Kunst und Erkenntnis noch in eines verwoben. Mit dem Erwachen des abendländischen Geistes im antiken Griechenland entstanden die wissenschaftlichen Tugenden, und die Kunst und die Religion trennten sich von ihnen. Heute wird die Trennung in diese drei Kulturfähigkeiten bis hin zur gesellschaftlichen Aufspaltung gehütet. Wir brauchen jetzt wieder die Synthesen dort, wo sie sich von sich aus schon wieder von allen Seiten her anbieten. So entsteht die nächste Moderne als gemeinsame Überlebenskultur.

Der Geist der Erde

Wenn wir so in der Verständnissuche nach unserem planetarischen Wohnort Erde dreifach die Perspektiven gewechselt haben: einmal die physische, dann die physiologische und von da aus die psychische Blickweise, so verlangt der mir vorgegebene Gesamttitel nach der Dimension des Geistigen der Erde. Ein Widerspruch in sich selbst?

Es ist ganz natürlich, dass wir im Alltagsbewusstsein meinen, nichts davon zu bemerken. Und doch kennt es bei einiger Aufmerksamkeit jeder. Es sind am ehesten die Momente, in denen man aus dem eigenen Alltagsbewusstsein herausgerissen wurde, wie z.B. bei jeder verblüffenden innovativen Erkenntnis. Oder es sind Momente, in denen man aus dem Alltag erschüttert heraustritt. Seltener sind es extrem freudige Lebensaugenblicke, die unverdientermaßen als ein unerwartetes Glück einem zufallen und für die man sich beim Unhörbaren und Unsichtbaren bedanken möchte. Noch seltener erfährt man sich mitten im Alltag an einen Gehalt der Welt angeschlossen, der nicht dem eigenen privaten Innenraum entspringt und den wir deshalb im Unterschied dazu am neutralsten als geistgegeben bezeichnen können.

Das Wort und der Begriff „Geist“ sind aber so schillernd unscharf und unklar in Gebrauch, dass wir uns darüber erst mit dem Leser verständigen wollen. Sicherlich muss man zuerst alle Reste von Reflexen aus seinem Bewusstsein entfernen, was nach dem Mann mit langem weißen Bart oder einem Gespenst im weißen Laken um Mitternacht auf dem Friedhof riecht. Oskar Wilde hat in seiner Humoreske „Das Gespenst von Canterville“ englische und schottische Schlösser davon befreit. Alles was wir uns vorstellen, ist ja nie die Erfahrung selber, sondern es sind nur im Gedächtnis wiederholte Abbilder ehemaliger Wahrnehmungen – wie wir schon oben bemerkt haben. Geist ist auch in der Wirklichkeit kein fertiger Zustand, sondern dort vorhanden, wo sich etwas Unvorhersehbares neu auftut, wo die innovativen Aufbrüche geschehen, wo sich etwas Vorwärtsschaffendes in der Welt bewegt, von wo etwas

Erneuerndes ausgeht, eben wo echte Entwicklung geschieht. Geist ist nicht der „unbewegte Beweger" des Aristoteles, sondern mit Heraklit das, wo „Alles fließt", und das „Eins und Alles" zugleich ist.

Rudolf Steiner (1861-1925) war deshalb eine der geistvollsten Individualitäten des 20. Jahrhunderts, weil sein ganzes Leben und Lebenswerk aus unentwegten Neugriffen und Entdeckungen bestand. Den ersten Waldorflehrern sprach er in Vorbereitung der Waldorfpädagogik davon, dass der Geist des Menschen gar nicht im Gehirn des Kopfes, dem Organ des Vorstellens steckt, sondern in den Gliedmaßen (GA 293, 10. Vortrag). Nicht was wir reflektieren = spiegeln, bringt die Welt realiter weiter, sondern wo wir de facto hingehen und verändernd handeln (Schad 2014, S. 85). Jede Reflexion ist nur erinnernder Vorlauf. Man mache die Probe und ersetze in Steiners Texten das Wort Geist mit Tätigkeit – es passt immer. Damit wird der Geistbegriff viel realer als in der Suche nach dauerhaften Gesetzen, aus denen sich alle Handlungen ableiten lassen sollen und deren Starre oft Unheil erzeugt hat. So muss bei näherem Zusehen ja auch alle Normethik erst zur individualisierten Situationsethik dynamisiert werden (Steiner 1894, GA 4, Kap. 9), wie es schon in jeder guten Rechtsprechung in Ansehung der Person geschieht.

Gehen wir also zu einer gerade in diesem Sinne geistvollen Beachtung der Erde über. In einem in Finnland 1912 gehaltenen Vortrag ging Steiner auf unbeachtete Selbstverständlichkeiten ein: Die Landflächen der Erde sind der eigentliche Lebensraum des Menschen. Sie geben ihm Halt und existentielle Sicherheit. Was sind dann die Weltmeere der Erde? Sie sind der Lebensraum der nächsten über dem Menschen stehenden geistigen Wesen, in der christlichen Tradition Engel (=Boten) genannt. Ihre Welt ist die der unentwegten Bewegung der Meeresströmungen, des Ebbe-Flut-Geschehens, des Zusammenspiels mit dem Wetter, dessen Stürme die Wogen auftürmen. Nicht auf den großen Tourismuslinern, sondern in Segel- und Kleinschiffen schwankt der Boden unter jedem Schritt. Das ist bei jeder Engelbegegnung nicht anders gewesen, weil sie schon immer so erfahren wurde, so dass der Engel in der Bibel oft als Erstes sagte: „Fürchte dich nicht". Denn der sich in seinem üblichen Zustand seiner selbst sicher fühlende Mensch wird durch jede wirkliche = wirksame

Geistigkeit aus dem vorherigen Gleichgewichtszustand gebracht. „Denn das Schöne ist nichts als des Schrecklichen Anfang“ dichtete Rilke in seinen Duineser Elegien. Viele erst einmal erschreckende Erfahrungen haben uns oft schon in kleinem Ausmaße aus dem konventionellen Alltag geworfen und uns dadurch überhaupt weitergebracht.

Und welchen Mut haben erst recht schon in der Vor- und Frühgeschichte die ersten Seefahrer in den Küstengewässern und dann auf der Hochsee gehabt, wo sie die hohe Dynamik der Elemente erlebt haben. Die Wikingerschiffe waren noch in sich so elastisch beweglich, dass sie sich den Wogen anschmiegen konnten und selbst als ein lebender Organismus empfunden wurden, der mit geschnitztem Kopf als Bug und mit Schwanz als Heck einen eigenen Namen bekam (so die Ellide der nordischen Frithjofssage). Ein Rest davon ist noch immer, dass einzelne Schiffe mit Namen getauft werden.

*

Die Geologie des 19. Jahrhunderts vertrat die Lehrmeinung, dass die Kontinente der Erde, bei aller Veränderung auf ihnen, doch durch die Erdgeschichte hindurch immer dort gelegen haben, wo sie heute liegen. Es galt der „Fixismus“. Doch schon zu Beginn jenes Jahrhunderts war es das letzte Universalgenie, das nach Leonardo da Vinci noch das gesamte Wissen seiner Zeit beherrschte, Alexander von Humboldt (1769-1859), welchem aufgefallen war, dass die Ostküsten beider Amerikas und die Westküsten Europas und Afrikas in ihren großen Linien parallel laufen. Beider Küstenlinien passen noch besser zueinander, wenn man die jeweiligen Flachmeere (den sogenannten Schelf, bis 200 m Tiefe) mit ihren Absturzkanten in die Ozeanbecken (bis durchschnittlich 5000 m) mit hinzunimmt. Waren Amerika, Europa und Afrika einst zusammengelegen? Die Küstenprofile samt ihren Flachmeeren passen gut zusammen. Um die vorletzte Jahrhundertwende verfolgte der Meteorologe Alfred Wegener (1880-1930) diese Idee und trug eine Menge an Hinweisen aus der Geologie, Pflanzen- und Tiergeographie dazu zusammen.

Schon der Engländer Philip S. Sclater hatte (1864) bemerkt, dass die Halbaffen nur in Ostafrika, auf Madagaskar und in Vorderindien vorkommen, also diese drei Landgebiete einst zusammengehören mussten. Die Zoologen hatten diese meist nachtaktiven primitiven Affen aus der Frühzeit der Primatenevolution wegen ihres gespenstischen Aussehens nach den Totengeistern der Griechen „Lemuren" genannt, und Sclater nannte daher als erster ihr einstiges gemeinsames Vorkommen Lemuria. Die Bezeichnung ging danach in die naturwissenschaftliche Geologie wie in die Theosophie Blavatskys und in die Anthroposophie Steiners ein.

Wegener veröffentlichte seine Ergebnisse zuerst in einem Fachartikel 1912 und dann in seinem programmatischen Buch „Die Entstehung der Kontinente und Ozeane" (1915).

Die Fachwelt lehnte jedoch noch Jahrzehnte lang die Kontinentalverschiebungstheorie ab. In den 50er Jahren wurden alle Ozeanböden in ihren Tiefenprofilen vollständig vermessen und ihre Geologie ermittelt. Es war dann eine junge Generation von amerikanischen Geologen, die Alfred Wegener mit den neuen Ergebnissen bestätigten und die moderne Plattentektonik in noch genauerer Fassung etablierten, die seitdem in allen Hochschul- und Schullehrbüchern steht. Wegener selbst bekam seine Anerkennung nicht mehr mit, sondern starb auf einer Expedition im Inlandeis Grönlands schon 1930 mit 50 Jahren. Doch sein Andenken wird inzwischen mit seinem Namen für Jubiläen, Institute, Stiftungen, Preisvergaben und Medaillen vielfach gepflegt.

Inzwischen fand man, dass die Kontinent- und manche Ozeanplatten sich nicht nur trennen, sondern mancherorts auch aneinanderstoßen und ihre Ränder unter die Gegenränder hinunterwandern, wodurch die Haupt-Erdbebenzonen der Erde verständlicher werden. Dabei findet eine Aufschmelzung der festen Gesteine in großen Tiefen, den Benjoff-Zonen, statt, bis auch von daher neue Gesteinsbildungen nach oben gelangen. Ein regelrechter Kreislauf der Gesteine zwischen den oberen und den tieferen Schichten der Erdrinde stellte sich heraus, der die Geologie noch weiter dynamisiert hat.

Nun verdeutlichen wir uns erneut die Land-Wasser-Verteilung zur Permzeit vor 270 Millionen Jahren – einer Zeitspanne, die, gemessen an den ältesten Steinen der Erdrinde von 3,8 Milliarden nur ein Vierzehntel ist. Immerhin lagen damals alle Landmassen

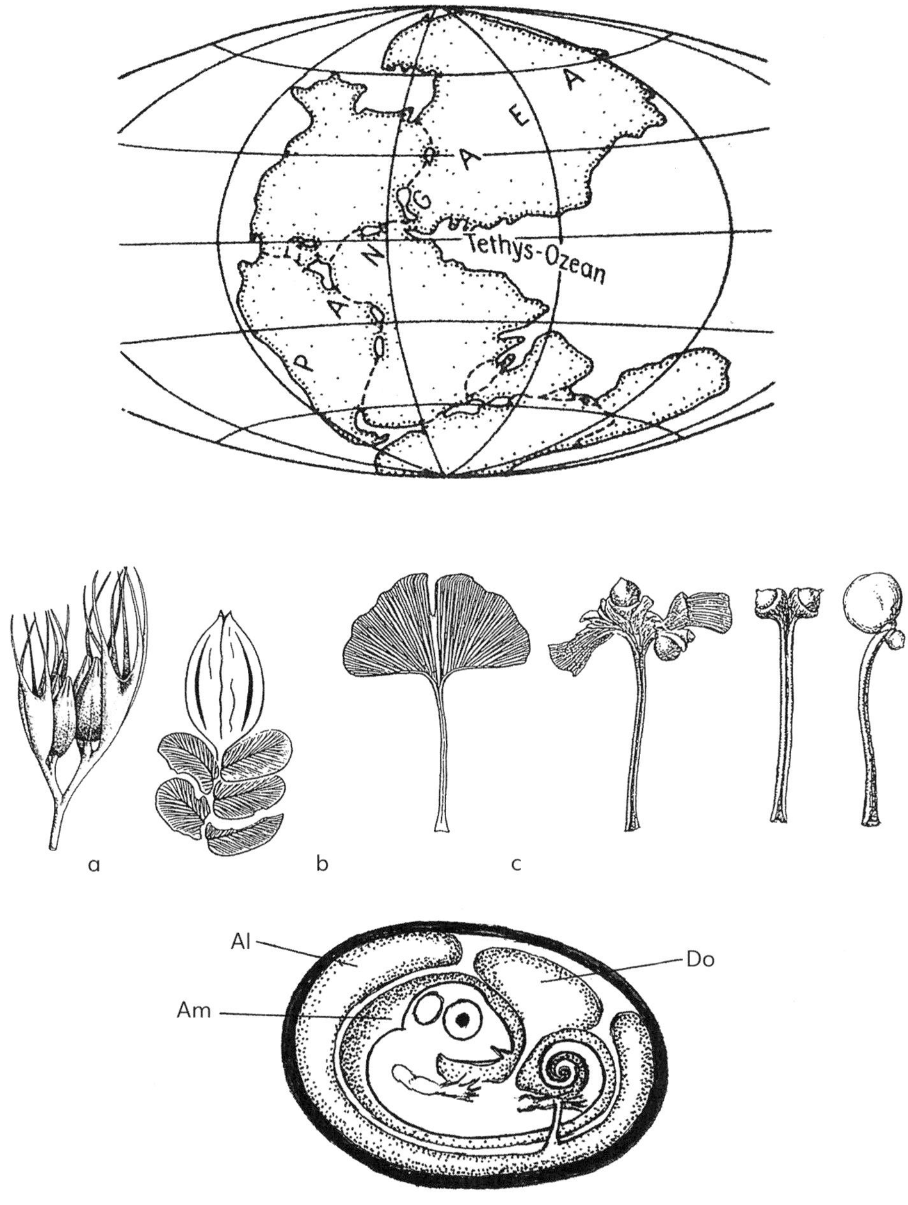

Abb. 44: Oben Pangäa im Perm, weniger als ein Drittel der Erdoberfläche groß (aus: Hohl 1980).
Mitte: a) Samenstand von Archaeosperma aus dem Oberdevon, b) Neuropteris, ein farnblättriger Farnsamer mit echten Samen aus der Steinkohle des Oberkarbons, c) tangartiges Blatt des heutigen Ginkgo biloba mit allen Übergängen zur abgeworfenen Samenanlage mit Stiel; die Ginkgogewächse gibt es ab dem Unterperm (aus: Schad 2000).
Unten Embryo der Zauneidechse im Reptilienei mit Amnion (Am = Fruchtblase, als eigene Wassersphäre) und Allantois (Al = Atmungsorgan) und Dottersack (Do) als Nahrungsproviant bis zum Schlüpfen (W. Schad).

zusammen, und der einheitliche Pazifik war ein Riesenozean, der mehr als zwei Drittel des Globus geschlossen bedeckte. Welch ein gewaltiges Reich besonders wesenhafter Wirkdynamik hatte damals der größte Teil der Erde! Der kleinere, landflächige Teil der Erdoberfläche hatte sich derweil im Laufe des Erdaltertums (Silur, Devon, Karbon, Perm) zu ihrer großflächigsten Landmasse, zur Pangäa, zusammengeschlossen (Abb. 44 a). Bis dahin gab es nur Sporenpflanzen (Tange, Pilze, Moose, Farnartige). Während des Obersten Devons traten nun die ersten „Ursamer" (Archäospermae) in Erscheinung, von denen alle samenbildenden, höheren Pflanzen abstammen (Abb. 44 b-c). So auch die artenreichen Farnsamer (Pteridospermae) der Steinkohlezeit, des Karbons, und des nachfolgenden Perms. Sie hatten noch wie Sporenpflanzen reichlich farnartig gefiederte Blätter. Dies war 1904 eine für die Fachwelt völlig überraschende Entdeckung: Samenpflanzen noch mit Farnblättern!

Als naher Verwandter hat sich bis heute der Ginkgobaum erhalten. Die Bestäubung seiner Samenanlagen findet ebenso schon auf der Mutterpflanze statt, die Befruchtung und Ausbildung des Pflanzenembryo darinnen jedoch erst in den abgeworfenen Samen – noch ähnlich den alten Sporenpflanzen: getrennt von der Mutterpflanze als eigene räumlich getrennte Generation.

Dass der Same auch noch, außer der Samenschale, von Fruchthüllen geschützt in der Mutterpflanze heranreifen kann, ist die nächste große Evolutionsstufe für alle höheren Pflanzen, die uns heute umgeben: Die maximale Unabhängigkeit der Keimentwicklung von der Umwelt war damit im Pflanzenreich erreicht.

Derweil fand nahezu gleichzeitig im Oberkarbon ein ganz ähnlicher Vorgang im Tierreich statt. Im unteren Oberkarbon Schottlands kam 1999 das bisher früheste bekanntgewordene Reptil zum Vorschein. Anders als die primitiveren Wirbeltiere, Fische und Lurche, wachsen die Reptilien nicht mehr im äußeren Wasser, sondern im Fruchtwasser einer selbst gebildeten Fruchtblase, dem Amnion, heran; zusätzlich umgeben von Dotter, Eiklar und einer geschlossenen Eischale. Sie können sich damit sogar noch in den trockensten Wüsten normal fortpflanzen.

Weitere Emanzipationsschritte vollzogen die Vögel mit der Ausbildung von Eigenwärme und vielfach gekonntem Nestbau. Die Säugetiere nehmen sogar die gesamte

Embryonal- und Fötalentwicklung in das Innere des Mutterleibes hinein und bilden damit die höchste Stufe der Wirbeltiere einschließlich des Menschen.

Die massive Landnahme (Terralisation) bis hin zum höheren Pflanzen- und Tierreich wurde also in der zweiten Hälfte des Erdaltertums (Paläozoikum) durch eine zunehmende Emanzipation von der Umwelt vollzogen. Wer von allen dreien ahmte dabei wohl wen nach? Zuerst begann die Erde selbst damit: mit der Zusammenziehung aller Kontinente zu ihrer einstigen größten Landfläche Pangäa, dann das Pflanzenreich, dann das Tierreich. Diese „Biologie der Freiheit" lief in den Grundbauplänen auf eine zunehmende Individuation hinaus, die schon rein biologisch im Menschen mit seinem besten Immunsystem und seinem stabilsten Wärmesystem gipfelt (Schad 2012). Damit kann er sich nun sogar gegen diese seine Mutter Erde wenden und alles andere Leben auf ihr. Nachdem ihm dies als einzigem Lebewesen nun in der Moderne sogar voll bewusst geworden ist, stünde es ihm umso mehr gut an, sich dafür der Dankbarkeit zu widmen. Diese Zukunftspotenz liegt nun auch in ihm und rührt sich inzwischen global.

Die gesamte Erdoberfläche war also im Perm hoch polarisiert in eine maximal sich ausweitende Ozeanwelt und eine engkonzentrierte, in sich geschlossene Landmasse, auf der sich die höheren Landlebewesen von der Wasserhülle der Erde erstmals emanzipiert hatten. War denn die Erdkugel dabei aus dem Gleichgewicht geraten? Dem wäre so, wenn nicht ein gleiches Ungleichgewicht auch beim Mond geherrscht hätte und noch heute herrscht:

Jeder Vollmond zeigt, direkt sichtbar, auf seiner hellen Scheibe dunkle Flecken: den „Mann" oder den „Hasen" im Mond. Galileo Galilei, der als erster den Mond teleskopierte, hielt die dunklen Flecken für Meere und nannte sie deshalb Mare. Aber auf dem Mond gibt es kein Wasser. Im Gegenteil: Die Mare entsprechen den Kontinentplatten der Erde, die helleren Flächen hingegen sind von zahllosen Ringgebirgen übersät, wie man schon mit einem einfachen Feldstecher bei zu- oder abnehmendem Mond an seiner einen Lichtgrenze gut sehen kann. Diese Gebirge mit ihren erhöhten Spitzen werfen mehr Sonnenlicht zur Erde als die flachen Ebenen der Mare und erscheinen deshalb heller. Jene Ringkrater haben zweifache Herkunft: Entweder sind es aus dem Mondinneren aufgeworfene Vulkankrater oder aus dem Weltraum eingeschlagene Meteoritenkrater im Verhältnis von etwa 1:1. Also waren diese Mondflächen noch lange Zeit plastischer geblieben als die festeren Mare. Die Wirklichkeit ist also das Gegenteil dessen, was Galilei vermutet hatte.

Es war schon lange die Frage, ob der Mond sich einst von der Erde getrennt hat, oder aber aus dem Weltraum stammt und von der Anziehungskraft der Erde eingefangen worden ist. Die bemannten Mondfahrten brachten die Antwort: Die mitgebrachten Mondgesteine enthalten Mineralien, z. B. Feldspate, die denen der Erde gleichen. Beide Himmelskörper entstammen einem gemeinsamen Ausgangsplaneten. Sie gehörten ursprünglich zusammen.

Nun hat der Mond die Eigenart, bei seiner Umkreisung der Erde ihr immer nur die gleiche Seite zuzuwenden, sodass er sich also in einem Monat nur einmal um sich selbst dreht, was die Erde jeden Tag macht. Wir können also, von der Erde aus natürlicherweise, nie die Rückseite, nur die Vorderseite des Mondes sehen (Abb. 45). Erst als die ersten noch unbemannten Mondraketen beim Umkreisen des Mondes fotografische Bilder zur Erde funkten, lernten wir seit 1948 die Rückseite kennen, und das Unerwartete war, dass sie weitgehend mit Ringgebirgen übersät ist und nahezu keine Mare hat. Auch der Mond ist also, wie die Erde besonders in der Permzeit, im Oberflächenbau noch heute ungleichgewichtig. Bei beiden fallen der geometrische Mittelpunkt und der Massenschwerpunkt somit nicht zusammen, sondern liegen jeweils etwas auseinander. Erst kürzlich hat sich herausgestellt, dass auch der kugelige Erdkern nicht gleichmäßig (isotrop) in Dichte und Form ist, sondern an den Druckwellen der Erdbeben ablesbar, ungleichmäßig (anisotrop). Er ist unter Indonesien deutlich dichter als unter Brasilien und besitzt unter Südostasien eine beulenförmige Vorwölbung (Forst et al. 2021). Vom Leben Gebildetes ist nie ganz symmetrisch. Mond und Erde sind damit aufeinander bezogen und erreichen erst als gemeinsames Rotationssystem einen gewissen Ausgleich. Dabei ist der Mond mit seiner kleineren Größe (1/3 des Erddurchmessers), enger an die Erde gebunden, daher seine „gebundene Rotation“: Er muss immer seinen Massenschwerpunkt der Erde zuwenden.

Abb. 45: Der Anblick des Mondes zeigt immer die gleiche erdzugewandte Seite. Die hellen Flächen sind die von Kratern übersäten Mondgebirge, die dunklen Flächen die ebenen *Mare*. Im *Meer der Ruhe*, dem *Mare tranquilitatis*, landete im Juli 1969 die erste bemannte Mondfähre, da es hier keine Gebirge gibt, siehes weißes Kreuz (Wikimedia Commons).

Diese hingegen hat mit ihrer größeren Masse (81,3 x mehr als der Mond) mehr Eigenwucht und ist vom Mond relativ unabhängiger.

Diese Unabhängigkeit hat die Erde in ihrer Evolution nun dadurch gesteigert, dass durch ihre halbflüssigen Tiefenschichten die Kontinentalplatten beweglich blieben, was beim völlig erstarrten, wasserlosen Mond nicht möglich ist. So kam es seit dem Perm erst langsam, dann zunehmend zum Abwandern aller pazifikwärts gelegenen Kontinentplatten hinweg von Afrika: Der Riesenozean wurde kleiner, wenn er auch weiterhin der größte Ozean blieb, und der Atlantik, Indik und antarktische Ringstrom flossen in die sich neu zusätzlich öffnenden Ozeanbecken. Wir haben schon besprochen, dass die gesamte Biosphäre mit ihrem Gas- und Wärmewechsel an diesem Ausgleichsvorgang unabdingbar beteiligt war. Leben braucht und vollzieht immer den nie endgültig zustandekommenden Ausgleich der Gegensätze zu einer dadurch aktiv bleibenden Mittellage. Die Erde als Organismus auf Siliziumbasis und alle sie bewohnenden Einzelorganismen auf Kohlenstoffbasis gehören funktionell bewundernswert zusammen.

Dadurch verteilten sich inzwischen Meere und Länder zunehmend gleichmäßiger auf ihr. Das beinhaltet geistig: Die Welt geistvermittelnder Dynamik dringt zwischen die Landmassen, mehr Land wird für seine Bewohner von deren Wasser umspült. Beides kommt besser zusammen. Der Wechselbezug steigt. Was spricht sich in diesem Zwischenzustand für die Menschheit, die seit 7 Millionen Jahren fossil auf dem Lande nachweisbar ist, qualitativ aus? Der Leser möge es selbst für sich formulieren.

*

Die tektonischen Ausgleichsbewegungen sind eben damit noch keineswegs abgeschlossen. In der jüngeren Hälfte der geologischen Neuzeit, dem Jungtertiär und Quartär hat sogar im stabilsten Kernkontinent, in Afrika, jene neue Rissbildung begonnen. Wir haben schon oben im Kapitel über Ostafrika davon gesprochen.

Außereuropäisch beginnt dieses große Grabenbruchsystem südlich des türkischen Taurusfaltengebirges: Es ist der Jordangraben mit dem Totmeergraben und der Aravasenke bis zum Golf von Akaba, dann nach Süden zu das ganze Rote Meer. Über Äthiopien springt die Grabenbildung bis zum Rudolfsee nach Kenia. Dann verzweigt sie sich in ein westliches und ein östliches „Rift-Valley", jeweils mit eigenen abflusslosen Seen und vulkanischen Begleitgebirgen, wobei der Viktoriasee als größter Süßwassersee der Erde, davon unberührt, dazwischen liegt. Beide Äste vereinigen sich wieder zum Nyassa-See Malawis im östlichen Süden Afrikas.

Bei diesem großen neuen Grabensystem ist bisher erst im Rotmeergraben das Meerwasser eingeflossen und hat dort, zwischen zwei heißen Wüsten gelegen, das wärmste Meer der Erde gebildet, das nun Asien und Afrika trennt, so wie schon viel länger vorher das Mittelmeer Europa von Afrika trennt. Der Bildegestus ist, dass hier inmitten Ostafrikas sich etwas anfänglich öffnet, was im Erdenantlitz ein geologisch noch ganz junger Beginn eines künftig neuen durchgängigen Meeres ist.

Nun ist das Bewegende, dass östlich des Viktoriasees sich die Nachweise des Urmenschen häufen, gerade hier liegt also das Geburtsland der Menschheit. Hingegen im westlichen Grabenbruchbereich, also nicht weit entfernt, liegt das Hauptvorkommen

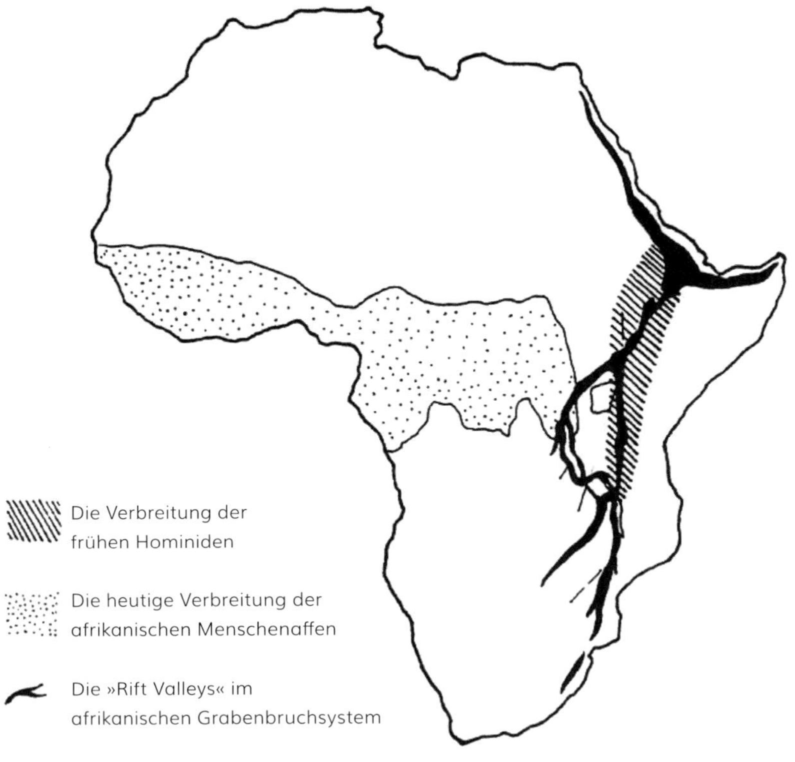

Abb. 46: Unter den Menschenaffen stehen dem Menschen die afrikanischen am nächsten: der Gorilla und zwei Schimpansenarten. Sie sind auch mit ihm in nächster Nähe aus einer gemeinsamen Mischform entstanden: Dabei gingen sie vom Grabenbruchsystem westlich des Viktoriasees aus, während sich die fossilen Hominidenfunde im östlichen Grabenbruchsystem finden ließen. Erstere wanderten nach Westen aus und blieben an die tropischen Regenurwälder gebunden. Letztere wanderten nach Süden und Norden in alle Klimaregionen und so auch in alle Kontinente aus. (aus: Schad 1992)

der uns nächstverwandten Menschenaffen: Gorilla, Schimpanse und Bonobo (Zwergschimpanse). Hier im äquatorialen Bereich des vorderasiatisch-afrikanischen Grabenbruchsystems entstanden die Menschheit und ihre nächsten Verwandten zwischen uralten archaischen Gesteinen und jüngsten Seen- und Meeresbildungen samt den begleitenden jungen Vulkanen (Abb. 46). Nördlich davon, am Südrand der Sahara, fand sich von beiden, den Pongiden und Hominiden, 1999 am Tschadsee der erste fossile Nachweis einer Mischform im Sahelanthropus, aus der durch Entmischung mehr im Westen die Menschenaffen und mehr östlich die ersten Menschen sich entwickelt haben (Schad 2017, S. 91).

Dort, wo durch den jüngsten Grabenbruch die ostwärtige Bergwelt Ostafrikas entstand, fand also sozusagen die physische Geburt der eigentlichen Menschheit statt. Hier betrat sie die Erde. Der universelle geographische Reichtum aller Klimata der Erde auf kleinem Raum war die erste Umgebung zu ihrer weiteren Entwicklung, geschaffen durch den jüngsten noch keimhaften Beginn einer neuen künftigen Meeresbildung im Innersten Ostafrikas, wo sich hier die geistoffenere Seite des Wassers mit diesen besonderen Landschaften aus der jüngsten Erdneuzeit begegnen kann.

Abb. 47: Das Jordantal 3 km südlich des Sees Genezareth.
Im Hintergrund die Golanhöhen, im Mittelgrund der Grüngürtel des Jordans, im Vordergrund die Ausgrabungsstätte Ubeidiya mit zum Jordan hin schräg geneigten Schichten (W. Schad).

Am nördlichen Ende dieses langen Grabenbruches, dort wo drei Kontinente zusammenkommen, liegt nun der Totmeergraben, streckenweise durchflossen vom Jordan, den die Geographen und Geologen heute den jüngsten Fluss der Erde nennen. Drei Kilometer südlich des Ausflusses des Jordans aus dem See Genezareth wurde bei Ubeidiya 1959 eine sehr alte Fundstelle früher Steinwerkzeuge und weniger Knochen- und Zahnreste des Homo erectus mit einem Alter von 1,4 Millionen Jahren entdeckt (Abb. 47). 1960 – 1963 wurden die Fundschichten ausgegraben. Sie liegen, steil gekippt, 200 m unter dem Meeresspiegel des Mittelmeeres – und doch bisher trocken geblieben – und führen vor, dass hier der Urmensch schon dem Einbruch des Jordangrabens zugesehen hat (Stekelis 1966, Schad 1988: 323ff.) (Abb. 48). Hundert

Abb 48: Die steinzeitliche Wohnschicht des Homo erectus mit beschlagenen Steinen der Altsteinzeit (Paläolithikum vor 1,4 Mio Jahren) (W. Schad).

Kilometer jordanabwärts mündet sein fischreiches Süßwasser in die Bittersalzlauge des Toten Meeres. Dieselbe ist zehnfach konzentrierter als der Salzgehalt der Weltmeere, sodass alles höhere Leben in ihm sofort erstirbt. Hier befindet sich bei -400 m die tiefste Stelle der Erde, wo der Mensch natürlicherweise am „tiefsten" in der Erde

Abb. 49: Blick in südlicher Richtung über die Mäander des Jordans zwischen dem See Genezareth und dem toten Meer. (A. Suchantke 1996)

stehen kann. Und gerade hier liegt kurz vor der Mündung im Jordan die Taufstelle Christi (Abb. 50).

Abb. 50: Die Taufstelle Christi kurz vor der Mündung des fischreichen Süßwassers ins Tote Meer, 400 m unter dem Meeresspiegel (iStock, BobWC).

Es war Emil Bock (1895-1959), 1922 Mitbegründer der Christengemeinschaft, welcher auf seiner ersten Israelreise 1932 am 15. April an dieser Stelle erstmals stand. In seinem Reisetagebuch (Bock, 1960, S. 298 ff) schrieb er davon:

> *Wir fahren immer abwärts. Die Erde hat einen Riss. Man gerät tief in den Schoß der Erde hinein, aber es ist, als ob ungute Kräfte des Abgrundes hier zutage treten wollten, und so spürt man nicht nur die gute Mutter Erde. [...] Wir fahren durch die hügelige, endlos sich hinziehende Steppenebene an den Jordan. Die Stelle der Taufe Jesu. Der Jordan fließt langsam und lehmig seinen Weg. Wir sind schon deutlich in der Welt des Toten Meeres. Alle Grundereignisse des Christentums stehen im Bildeinklang mit dem Kosmos. Die Jordantaufe hat den tiefsten Punkt der Erdoberfläche zum Schauplatz – die vom Himmel zur Erde niedersteigende Christuswesenheit steigt der gestürzten Erde und Menschheit in die Tiefe des Todes nach. Die Taufstelle ist ein stiller, unscheinbarer Ort. Wieder wird uns deutlich, wie sehr die Christusereignisse sich im Stillen und Kleinen abgespielt haben.*

1933 kam Bock erneut auf diesen einmaligen Erdenort zu sprechen:

> *Wenn man sich von Jericho aus, das am unteren Rande der Wüste Juda liegt, durch die Jordansteppe an die Taufstelle und an die Mündung des Jordans und das Tote Meer begibt, so gelangt man an den tiefsten Punkt der Erdoberfläche. 400 Meter unter dem Meeresspiegel liegt das Tote Meer. Also sucht die Christuswesenheit bei ihrem Heruntersteigen in die menschliche Verkörperung denjenigen Punkt auf der Erde auf, wo das Erdensein seine allergrößte Tiefe besitzt und auch in seiner*

Landschaftsgestaltung am deutlichsten den Charakter des Absturzes, des kosmischen Sündenfalls, angenommen hat. Es handelt sich eben bei der Menschwerdung des Christus nicht nur darum, dass er irgendwo die Erde erreicht. Er soll die Erde da erreichen, wo sie der Erlösung durch die Kräfte der Weltenhöhen am meisten bedarf.

Aber das Tote Meer ist – biologisch gesehen – nicht völlig tot, sondern darin ersterben nur alle Lebewesen aus höheren Zellen (die Eukaryonten), z.B. alle makroskopisch sichtbaren Pflanzen und Tiere. Ihre evolutiven Vorformen (die Prokaryonten), nämlich alle Bakterien und Viren, die vor 4 bis 2 Milliarden Jahren in der Erdgeschichte allein ihre Biosphäre ausmachten, leben in Unmengen darin.

Noch immer lassen dort an den Ufern die Salz- und Sulfatbakterien aktiv reiche Kalk- und Gipskrusten auskristallisieren. So begegnen sich an der Jordanmündung die früheste Urlebewelt und die hochentwickelte Lebewelt des Jordanfrischwassers mit seiner wundervollen Ufervegetation.

Hier am Jordan wächst der Baum mit der größten gestaltlichen Verwandlungsfähigkeit seiner Blätter, die Euphratpappel (Populus euphratica, s. Suchantke 1996) (Abb. 51). Nimmt man die beteiligten Pflanzen, Tiere und Menschen dazu, so ist es der umfassendste Vorgang an Zeitintegration von Vergangenheit, Gegenwart und Zukunft im Leben auf der Erde. – Im Abschlusskapitel der Apokalypse des Johannes nennt sich der Auferstandene selbst das Alpha und das Omega der Welt als den ersten und den letzten Buchstaben des Alphabets. Ist doch am Anfang des Johannesevangeliums Christus selbst das Wort, der Logos, der die Welt geschaffen hat, und ihre Erlösung sein Ziel.

Das alles sind keine Beweise, sondern sich ergänzende Entsprechungen des Sinnlichen mit dem Übersinnlichen. Beweise sind kausal, somit allein vergangenheitsgerichtet und verpassen die Zeitintegration als das Grundvermögen alles Lebendigen und damit deren adäquates Verständnis.

*

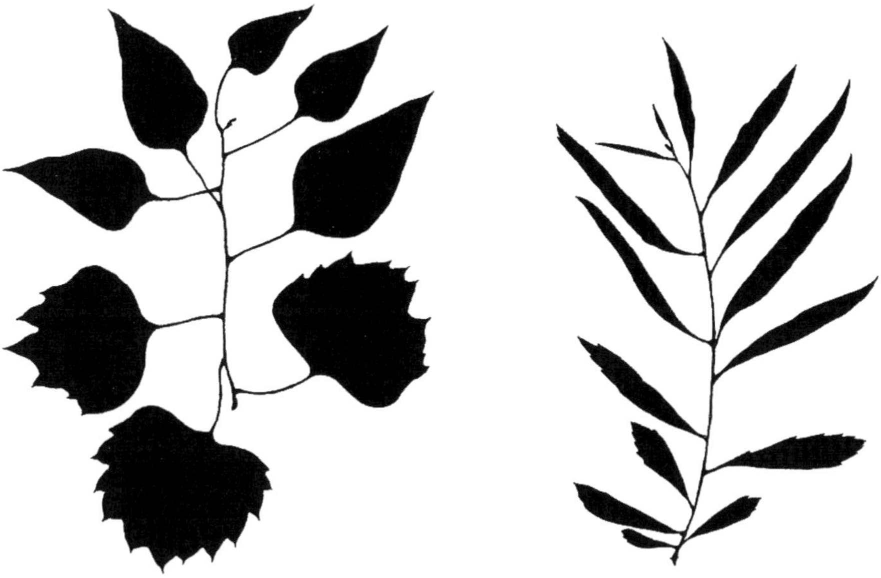

Abb. 51: Zweige der Euphratpappel (Populus euphratica) mit den für Bäume seltenen Blattmetamorphosen.
Links: Zum Langtrieb durchwachsender Kurztrieb.
Rechts: Auswachsender Schößling. Die Blattgestalt ist unmittelbarer Ausdruck der jeweiligen Wuchskraft des Sprosses.
Aus dem Seitental Nahal David des Toten Meeres (Herbar: W. Schad).

Die Seiten des Toten Meeres sind eingefasst von den steil abfallenden Gebirgshängen der an den Rändern des Totmeergrabens oben stehengebliebenen judäischen und jordanischen Wüste. Hätte es nicht einem die Erde besuchenden Gott besser angestanden, sich die schönsten Stellen der Erde auszusuchen? Etwa den Ngorongoro-Krater im ostafrikanischen Hochland oder die Landschaft am Kilimandscharo, die Wunderwelt von Borneo oder Java, eine Südseeinsel oder Hawaii? Auch am Fudschijama in Japan muss es herrlich sein und ebenso an der pazifischen Westküste Kanadas. Und warum nicht am ebenso jungen Grabenbruch, im Rift Valley des äquatorialen Afrikas mit seinen herrlichen Berglandschaften, wo die Leibwerdung und erste Kindheit der Menschheit stattgefunden hat? Nein, die irdischste Stelle der Erde, die lebensfernste Stelle am Rande einer toten Landschaft wurde angenommen, um bis zum eigenen Sterben auf Golgatha freiwillig das durchzumachen, was die Gefahr für die Menschheit überhaupt geworden war: der Verlust des geistigen Lebens.

Heute fragt man in theologischen Debatten, warum Christus einen männlichen Leib angenommen habe und nicht einen weiblichen. Wozu diese Bevorzugung des Männlichen? Der männliche Organismus ist größer, schwerer, knochiger, sehniger, behaarter, verhärteter. Der weibliche Organismus ist harmonischer, kosmischer, dem

Urbild des Menschseins näher geblieben, voll derjenigen Lebenskräfte, die allein dem beginnenden Werden eines neuen Menschenkindes aufhelfen können. Steiner drückte es einmal so aus: Der Mann ist etwas zu tief inkarniert, die Frau etwas zu locker und dadurch den Himmelskräften näher (GA 120, 26.5.1910). Gerade den verhärteteren, allzu irdischen männlichen Leib nahm Christus offensichtlich an, um das Allzuharte des Menschseins auszuheilen.

Das *Quale* der männlichen Leiblichkeit ist nicht „Hawaii" oder eine Südseeinsel im größten Ozean, sondern mehr ein „Totmeergraben" in der Wüste zwischen drei Kontinenten. Auch das war ein Opfer, schon vor Golgatha einen männlichen Leib anzunehmen.

Das Kreuz auf Golgatha selbst stand wie ganz Jerusalem und dessen geologische Umgebung auf den Kalkablagerungen der oberen Kreidezeit, dem Turon (nach einer Gesteinsschicht bei Tours in Zentralfrankreich benannt). Während dieser Epoche fand eine der mächtigsten Aussterbekatastrophen der Erdgeschichte statt, die das baldige Ende des Erdmittelalters bedeutete. Auf den Landflächen starben alle Dinosaurier und Flugsaurier, die in der Kreide zu riesigen Leibern herangewachsen waren, aus. In den Meeren starben alle Wassersaurier, Ammoniten und Belemniten aus, dazu viele Muschel- und Schneckenfamilien. Erst danach brach mit dem Beginn des Tertiärs die Erdneuzeit mit bald vielen anderen Weichtieren, Insekten und insbesondere Säugetieren als die nun herrschende Lebenswelt an, welche heute der Biosphäre der Erde das Gesicht gibt. – Auf den Ablagerungen dieser letzten großen geologischen Todeskatastrophe fand die Passion Christi statt. „Golgatha" heißt im Hebräischen „Schädelstätte".

Als er sich am Tage vor dem Tod am Kreuz beim letzten Abendmahl mit den evolutiv höchsten Bildungen des Pflanzenreiches einte, mit den Samen und Früchten in Brot und Wein, sprach er zu den Jüngern das alte Psalmwort (Ps. 41,10) aus: „Wer mein Brot isst, der tritt mich mit Füßen" (Joh. 13,18). Man kann es ganz neu lesen, nämlich wörtlich. Er hatte sich zugleich mit der ganzen Erde verbunden. Er ist seitdem der Geist der Erde (Steiner GA 97, S. 61 und 103, S. 147; Wehr 1989).

Das Geistigste am Menschen sitzt nicht im Kopf, im Gehirn, sondern in denjenigen Leibesorganen, mit denen wir die Erde betreten und auf ihr handeln:

in den Gliedmaßen. Was wir endgültig tun, ist wichtiger, als worüber wir vorher so lange nachgedacht und debattiert haben. Das ist für unser Handeln mit unseren Händen sofort einsehbar. Aber es gilt noch mehr für unsere Füße, die uns dorthin bringen, wo wir gebraucht werden.

Nach dem Abendmahl wusch der Herr den Jüngern die Füße.
Petrus protestierte anfangs dagegen:
Herr solltest Du mir meine Füße waschen?
Jesus antwortete und sprach zu ihm: Was ich tue, das verstehst du jetzt nicht;
du wirst es aber hernach erfahren.
Da sprach Petrus zu ihm: Niemals sollst Du mir die Füße waschen.
Jesus antwortet ihm: Wenn ich dich nicht waschen werde,
so hast du keinen Teil an mir.
So spricht Simon Petrus zu ihm: Herr, nicht die Füße allein,
sondern auch die Hände und das Haupt.
Spricht Jesus zu ihm: Wer gewaschen wird, der bedarf nichts als die Füße
gewaschen, denn dann ist er schon ganz rein. (Joh. 13, 6-10).

Als die beiden Marien, Maria aus Magdala und Maria, des Kleophas Frau, am Ostermorgen ans Grab kamen, erschien ihnen der Auferstandene. „Und sie traten [mit ihren Füßen!] zu ihm und griffen an seine Füße" (Matth. 28:9). Die Füße sind die zukunftsgerichteten Organe. Sie werden ebenso oft verkannt wie das Wesen der Zukunft.

Als der Auferstandene nach Ostern erstmals dem versammelten Jüngerkreis erschien, erkannten sie ihn zuerst nicht; sie vermuteten ein Gespenst zu erblicken und erschraken heftig. Doch er sprach zu ihnen: „Warum seid ihr so erschrocken? [...] Sehet meine Hände und meine Füße, Ich bin es selber" (Luk. 24:38-39). Sie erkannten ihn nicht an seinem Antlitz, sondern an seinen Händen und Füßen.

Bei der christlichen Taufe wird der Kopf getauft. Bei der letzten Ölung werden im katholischen Ritus die Fußsohlen des Sterbenden eingeölt. Jeder menschliche Fuß ist ein besonders durchgeistigtes Organ voller reinkarnativer Zukunft.

Im tropischen afrikanischen Grabenbruch war es der Fuß, der am Leib der ersten Menschen zuerst voll hominisiert war (Schad 2017, S. 94 ff.). Dann bauten sich

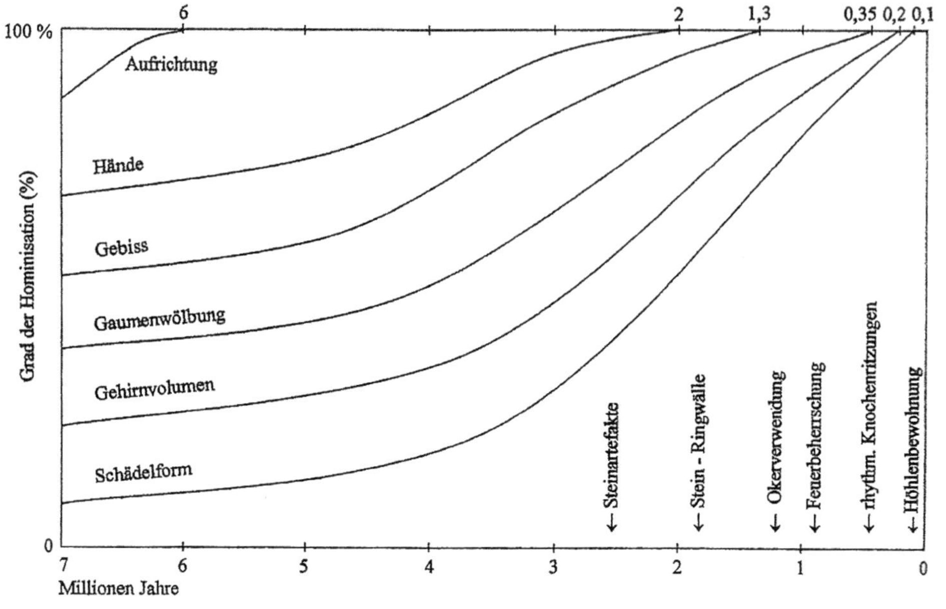

Abb. 52: Die Menschwerdung der Hominiden begann nach den heutigen Fossilfunden vor 7 Millionen Jahren: Der Erwerb des aufrechten Ganges ging allen anderen heutigen Merkmalen des Menschen voraus. Die volle Gehirnentwicklung und zuletzt die Vertikalisierung der gesamten Gesichtsfront (aufrechte Stirn, vorspringendes Kinn) waren ganz späte Vorgänge seiner Evolution. Zumeist waren wir unaufhaltsame Wanderer (W. Schad).

die Beine und das Becken im Erwerb des aufrechten Ganges um. Das war der erste entscheidende und bleibende Unterschied von den Menschenaffen, die ja funktionell keine Füße, sondern faktisch nur Greifhände mit abspreizbarer großer Zehe an den Beinen haben (Abb. 52). - Noch vor hundert Jahren waren fast alle Anthropologen davon überzeugt, dass die Menschwerdung mit der Vergrößerung der Gehirne begann. Dem bedeutenden Fund des Javamenschen 1892 durch Eugène Dubois traute man lange nicht, weil der Oberschenkelknochen schon die Kennzeichen aufrechten Ganges hatte, also viel progressiver war als das niedrige kleine Schädeldach.

An allen weiteren Funden hat die Fachwelt in den letzten hundert Jahren mühsam umgelernt, dass im Laufe der inzwischen mit 7 Millionen Jahren belegten Urgeschichte der Menschheit erst vor 0,2 Millionen, also außerordentlich spät die volle Hirnvergrößerung mit dem frühen Homo sapiens eingetreten war. Den größten Teil seiner Evolution war der Mensch in erster Linie ein permanent aufrechter Wanderer über die Erde hin (Schrenk 2008, Schad 2012). Daher haben wir die langen Beine, die, entgegen allen uns so nah verwandten Affen, allein schon die Hälfte unserer Körperhöhe ausmachen.

Die Gliedmaßenfunktionen haben uns leiblich, seelisch und geistig zu Menschen gemacht. Noch heute sprechen wir davon, wenn uns etwas geistig eingeleuchtet hat, dass wir etwas „be-greifen“ konnten oder noch besser – es „ver-stehen“ konnten. Zum Greifen benötigen wir die Hände, zum Stehen die Füße. Wenn wir die Welt nur „verkopfen“ oder „behirnen“, ist das auch danach.

Der Neurologe Ernst Pöppel (1997) hat treffend geschildert, wie wir bei längeren Spaziergängen im Selbstgespräch die besten, weiterbringenden Einfälle haben, und nicht am Schreibtisch (s. a. Rowlands 2014, Schad 2016). Die Quellen dazu aber entspringen – vom Kopf heute noch wenig verstanden – aus den Gliedmaßen (GA 293, 10. Vortrag). Einstein beschrieb es einmal auf Nachfrage, wie er seine die klassische Physik umkrempelnden Ideen gefunden habe, so: „Ich habe sie entdeckt, weil ich fest von der Harmonie des Weltalls überzeugt gewesen bin“ (s. A. Valentin 1955). Der Biograph N. Stiller (1981) berichtete: „Annahmen, er hätte das alles mit Hilfe einer Art Super-Intelligenz zuwege gebracht, lehnte er ab.“ Er verließ sich vielmehr auf seine „Muskelgefühle“ für eine mögliche Form: „So ungefähr müsste es sein“, wie es Einstein ausdrückte. Der große Physiologe des 19. Jahrhunderts, Hermann von Helmholtz (1821-1894), berichtete von sich:

> *Soweit meine Erfahrung geht, kamen sie [die glücklichen Einfälle] nie dem ermüdeten Gehirn und nicht am Schreibtisch [...]. Besonders gern aber kamen sie bei gemächlichem Steigen über waldige Berge in sonnigem Wetter.*
>
> *(Copei 1960, S.29)*

Werner Heisenberg (1901-1976) fand 1925 die Matrizenrechnung zur ersten Berechnung des einfachsten Atoms (des Wasserstoffs) auf Helgoland eines Nachts, nachdem er tagsüber in den Felsen der Steilküste wie ein Bergsteiger geklettert war (Hermann 1976).

Schon Goethe kannte die geistig anregende Aktivität der Füße gut: „Was ich Gutes finde in Überlegungen, Gedanken, ja sogar Ausdruck, kommt mir meist im Gehen. Sitzend bin ich zu nichts aufgelegt. Drum das Diktieren ist weiterzutreiben." (Tagebuch 21.03.1780). Viele seiner Dichtungen entstanden im Diktieren an seinen Schreiber John im Hin- und Hergehen. So auch große Abschnitte des 2. Teils des Faust. Seinen Wilhelm Meister schickt er nach den Lehrjahren in die Wanderjahre, in denen er an keinem Ort länger als drei Tage sein darf. Seinen Faust lässt er zu Beginn des zweiten Teils auf einer Wanderung im Hochgebirge frühmorgens aussprechen:

Du, Erde, warst auch diese Nacht beständig
Und atmest neu erquickt zu meinen Füßen,
Beginnest schon mit Lust mich zu umgeben
Du regst und rührst ein kräftiges Beschließen,
Zum höchsten Dasein immer fortzustreben.

Ein anspruchsloses Kindergedicht möge zusammenfassend dieses Kapitel abschließen:

Erde, ich spüre dich,
Leise berühr ich dich,
Dulde den Menschenfuß,
Fühl meinen Liebesgruß,
trägst mich mit jedem Schritt,
Nimmst meine Last auch mit,
Schenkst mir die Heimat hier. -
Erde, ich danke dir.

(Hedwig Diestel)

Blick in die Moderne

Der vorausgreifende Kenner der Menschennatur, Rudolf Steiner, kennzeichnete sein Anliegen damit:

Anthroposophie beginnt überall mit Wissenschaft, belebt ihre Vorstellungen künstlerisch und endet mit religiöser Vertiefung.

(GA 257, S.46)

Gerade dadurch wird sie für die Lebenspraxis handlungsfähig, weil ja jede Handlung, um inhaltlich menschlich zu sein, der Ethik eigenverantworteter Moral bedarf. Und die besteht im Tun. Denn:

Es gibt nichts Gutes, außer: Man tut es. (Erich Kästner)

Das Kleinkind ist in seiner großen Bindungsfähigkeit religiös gestimmt. Das Schulkind ist im Medium aller Künste gut ansprechbar. Im Jugendalter erwacht das kritische Denken voll. Im Entwickeln der Mündigkeit aber stülpt sich die Reihenfolge um, andernfalls wird der Mensch manipulierbar.

Wir gehen deshalb, nun erst vermehrt, in den bei allen Gesellschaftskreisen auch heute so wirksamen, wenn auch oft mehr oder weniger verdeckten, religiösen Bereich. Ist die hier vorgelegte Darstellung nicht aber doch zu christozentrisch? Geraten dabei die menschheitlich berechtigten Seiten der anderen Weltreligionen, ja aller anderen Religionen, zu sehr in den Hintergrund? Hat nicht schon am Ende des Mittelalters der bedeutende Philosoph und Kardinal Nikolaus von Kues selbst davon gesprochen, dass in allen Religionen etwas Gemeinsames, ein gemeinsamer Kern steckt? So in seinem „Gelehrten Unwissen" (*De docta ignorantia*, 1440). Was ist das Gemeinsame, von dem auch schon 1000 Jahre zuvor Augustinus folgendermaßen sprach:

Was heutzutage als christliche Religion bezeichnet wird, hat seit den Ursprüngen der Menschheit niemals aufgehört zu existieren.

Danach zu fragen und nach ihm zu suchen, erweckte und erweckt Widerstände in allen verengten Konfessionen mit dem Fazit, dass die schlimmsten Kriege, die

„Religionskriege“ waren und sind, ohne dass bemerkt wird, dass sie mit Religion nichts mehr zu tun haben. Zuerst beginnt der Sprachkrieg, dann der Waffenkrieg. Was soll denn der Gott der Liebe mit all denen machen, die sich weltweit beim Töten auf ihn berufen? Auf welche Seite soll er denn treten?

Sprache kann Welten eröffnen und kann sie ebenso verschließen. Sie ist Segen und Gefahr. Sie ist Letzteres, wenn sie zu leerem Verbalismus von Wortgebräuchen ohne authentische Erfahrung geworden ist. Sie öffnet aber neue Erfahrungen, wenn von Mensch zu Mensch glaubwürdig gesprochen wird. Nicht nur auf die Inhalte kommt es dabei an. Steiner schilderte einmal eine aufschließende Erfahrung an zentralen Bibelworten. Im Alten Testament verspricht der Verführer Luzifer den ersten Menschen: „Eritis sicut deus, scientes bonum et malum“ – „Ihr werdet sein wie Gott, wissend das Gute und das Böse“. Im Neuen Testament spricht Christus sprachlich etwa das Gleiche aus: „Dii estis“ – „Götter seid ihr“ (Joh. 10;34), und beruft sich auf den Psalm Davids mit der gleichen Aussage (Ps. 82;6), als ihn die Pharisäer steinigen wollten, weil er sich als Sohn Gottes bezeichnet hat. Steiner macht nun auf die menschliche Erfahrung aufmerksam, dass jener Ausspruch im Munde Luzifers doch etwas ganz anderes ist als im Munde Christi. Nicht was gesagt wird, sondern wer es sagt, gibt hier der Aussage ihren Inhalt und ihren Wert (GA 140, S. 139 ff. und GA 150, S. 99). Nicht schon die Begrifflichkeit der Sprache, sondern der Geist der Sprache macht sie erst human – oder eben nicht.

Was Luzifer noch heute damit in die Seele jedes Menschen einbläst, kennt jeder Mensch. Wie erlebt er aber die gleiche Aussage aus dem Munde Christi in seiner Brust? Kann er etwas davon entdecken?

Es gibt nicht nur eine Bedingtheit und Führung von außen bei jedem Menschen, sondern auch eine sein Menschsein heilende Innenerfahrung, die nicht an irgendwelche verwaltete Normen geknüpft ist, sondern auch denjenigen überkommen kann, der nie etwas vom Christentum gehört hat: Denn jeder Mensch erfährt an dem Rätsel seines Menschseins nicht nur Freuden, sondern auch die dazugehörigen existenziellen Leiden.

Man versetze sich z.B. bewusst in einen solchen Menschen, der möglichst am weitesten weg vom christlichen Abendland, z. B. als Südsee-Insulaner, die tragische

Spannung zwischen seiner leiblich-seelischen Konstitution und seinem innersten, geistigen Selbst durchlebt. Alle Versuche, zwischen seinen besten Idealen und seiner andererseits gegebenen Konstitution zu einem Einklang zu kommen, gelingen auch ihm ehrlicherweise nie so recht. In diesen klagenden Zwiespalt kann die Erfahrung eintreten, dass nicht er sich selbst, sondern eine andere Kraft ihm das Geschenk der Heilung bringt. Die Erdverhaftung und die Himmelshoffnungen versöhnen sich in ihm staunend. Leib und Geist sind zugleich still gestärkt. Das Leben wird positiv.

In zwei Vorträgen (Stockholm, 16. und 17. April 1912) beschrieb Steiner vor über 100 Jahren ein solches Erlebnis als den gegenwärtigen Weg zu Christus in unserer Zeit. Er gab dabei einen Überblick über drei Wege der Seele zu Christus: den der Vergangenheit, den der Gegenwart und den der Zukunft. Der erstere war bisher vorwiegend derjenige durch die Erlebnisse an den Überlieferungen in den Evangelien. Der gegenwärtige ist der Weg des eben geschilderten Ereignisses. Den dritten Weg benannte er als eine noch in der Zukunft liegende völlige Versöhnung von Denken und Glauben in reiner Klarheit (GA 143, S. 125-152).

Durch eine solche anthroposophische, also menschenkundlich fassliche Christologie entfällt im Kern alles Missionarische. Steiner geht so weit, dass er vorschlägt, doch einmal die folgende Gesinnung für sich zu üben: Vielleicht kann sich in Zukunft einmal das Wirken Christi in ganz anderen Kulturkreisen erneuern und nicht mehr im Rahmen der nach ihm benannten Verwalter. Das muss nicht so sein, aber für möglich zu halten, dass hierin die Zukunft offen ist, befreit von allen Resten von Verbalismus und Nominalismus:

> *Machen wir uns fähig, Christus so zu verstehen, dass wir das nicht*
> *missverstehen, was er vielleicht einmal zu uns sprechen kann,*
> *wenn es an der Zeit ist, dass andere Bekenntnisse der Erde von sei-*
> *nen Impulsen durchflossen sein werden! (GA 149, 2.1.1914).*

Das ist eine Neufassung der Ringparabel von Gotthold Ephraim Lessing (1779). Schon Lessings Zeitgenosse Johann Gottlieb Herder, der väterliche Freund Goethes in Weimar und zugleich evangelischer Superintendent des kleinen Staates Sachsen-Weimar, sprach davon, dass Gott zu jedem Volk in dessen eigener Sprache spricht.

Dabei konnte er sich wohl auf die Apokalypse berufen:

Dann sah ich einen anderen Engel im mittleren Himmel fliegen,
welcher das ewige Evangelium den Bewohnern über die Erde hin allen
Völkern, Stämmen, Sprachen und Bürgern brachte. (Offenbarung 14,6)

Was sind dann die Namen des Gotteswesens, das wir „Christus“ = den „Gesalbten“ nennen, in anderen Religionen (Panikkar 1986)? Wie viele Namen trug er, rund um die Erde, in ganz anderen Kulturkreisen? Das aufzusuchen, wäre eine lohnende Aufklärung. Schon bei Steiner finden sich dazu reichliche Beispiele (GA 113, 28.08.1909).

*

Die meisten Religionen lassen sich in zwei entgegengesetzten Einstellungen unterscheiden: in den Polytheismus mit vielen Göttern und in den Monotheismus der Eingottreligionen. Dabei sieht man die ersteren zumeist als die primitivere, urtümliche Form, die letzteren als die hochentwickelten Religionsformen an. Doch so einfach ist es nicht. Die Ethnologen waren erstaunt, bei den Pygmäen, den Zwergmenschen in den Urwäldern des Kongobeckens, einen eindeutigen Monotheismus vorzufinden (Du Chaillu 1868), ebenso bei den Buschmännern Ostafrikas (Gusinde 1942, 1971; Kohl-Larsen 1943), ja sogar schon um 1.400 vor Christi Geburt in Ägypten den monotheistischen Sonnenkult Echnatons. Die antiken Hochkulturen der Hindus, Ägypter, Griechen, Römer, Kelten und Germanen hingegen waren ihrerseits ausgesprochen polytheistisch. Wozu gehört das Christentum?

Der strenge Moslem hält dasselbe für einen Polytheismus, denn die Bibel berichtet ja die drei Personen der göttlichen Dreifaltigkeit. Die Konzilien des frühen Christentums haben sich in ihren Interpretationen darüber viel gestritten. Die östlichen Kirchen und westlich der Katholizismus entwickelten eine reiche Engellehre und einen noch reicheren Heiligenkult, welcher Maria sogar in den Himmel direkt zwischen Gott Vater und Sohn versetzte und sie zur Himmelskönigin machte. Die Reformation zu Beginn der Neuzeit schaffte alle Heiligen und fast alle Hierarchien ab und vernichtete sogleich deren Darstellungen in dem Bildersturm auf unschätzbare Kunstwerke. In evangelischen Kreisen herrschte seitdem zunehmend der Monotheismus Gottvaters, und Jesus wurde oft nur noch zum schlichten Mann aus Nazareth.

Goethe wandte sich gegen den anthropomorphen Personenbegriff Gottes, schon aus sprachlichen Gründen. Ist doch die „persona" die „durchtönte" Maske im antiken Theater gewesen. Auf die Theologen in seinem Umkreis dichtete er:

Was soll euer Spott und Hohn
Auf das All und Eine?
Der Professor ist eine Person,
Gott ist keine.

Jeder Mensch hat seinen persönlichen Schutzengel, aber der ist noch nicht Gott selber. Goethe ließ im Faust den Mephistopheles in der Hexenküche die logischen Probleme, die der bloß mathematische Verstand bei ihm mit der Trinität hat, verspotten:

Mein Freund, die Kunst ist alt und neu.
Es war die Art zu allen Zeiten,
Durch Drei und Eins, und Eins und Drei
Irrtum statt Wahrheit zu verbreiten.

Doch schon Kant schätzte die Vernunft höher ein als den Verstand, kommt doch „Vernunft" von „Vernehmen", also vom Hinhören statt bloßer Begriffskonstruktionen.

Die christlichen Künstler haben durch Jahrhunderte versucht, die Dreieinigkeit in Gestalt eines alten, weißbärtigen Mannes, des Gekreuzigten und einer Taube darzustellen. In Giornico / Tessin findet sich an zentralster Stelle, in der Apsis der romanischen Kirche San Nicolao, der in der Renaissance verbreitete Versuch einer Darstellung, die Dreiheit zugleich als Einheit erscheinen zu lassen (Abb. 52): Hier hat der Maler Nicolao da Seregno 1478 das Antlitz Christi dreifach dargestellt, jedoch nicht mit 6 Augen, sondern mit 4 oder andernorts auch nur mit 2, so dass jedes einzelne Antlitz ein Auge mit dem benachbarten gemeinsam besitzt (Abb. 53). Man müsste dabei eigentlich erwarten, dass die Dreifaltigkeit in drei verschiedenen Physiognomien stirn- und augenmäßig in eins zusammengefasst erscheint. Aber hier ist es durchweg allein das verdreifachte Gesicht Christi.

Abb. 53: Das Dreigesicht Christi in der Apsis von San Nicolao in Giornico / Tessintal von Nikolaus Seregno 1478 (W. Schad).

Abb. 54: Der Trivultus Christi mit zwei Augen von einem Bildstöckel bei Someo im Tessiner Maggiatal. (W. Schad).

Schon im alten Rom gab es die Verehrung eines zweigesichtigen Gottes, des altitalischen Janus. Janua hieß die Haustür, die Pforte, der Durchgang. Der Janustempel hatte zwei Torflügel. Sie standen auf, wenn das römische Heer in einen Krieg zog, und wurden geschlossen, wenn es zurückgekehrt war. Es gab allein die Alternativen: offen oder geschlossen. Der Gott wurde als Zweigesicht dargestellt. Ein bärtiges, altes Antlitz blickte in die eine Richtung, das eines bartlosen Jünglings in die entgegengesetzte. Das Doppelgesicht veranschaulichte Vergangenheit und Zukunft. Die Gegenwart trat nicht in Erscheinung.

Das ist noch heute der Stand in den anorganischen Wissenschaften. In ihren Diagrammen ist die Zeit nur die lineare Achse, auf die die gemessenen Zeitstrecken der Vergangenheit und die prognostizierten Zeitoptionen für die Zukunft eingetragen werden. Die Gegenwart taucht dazwischen nur als ausdehnungsloser Punkt, also ein Nichts, auf.

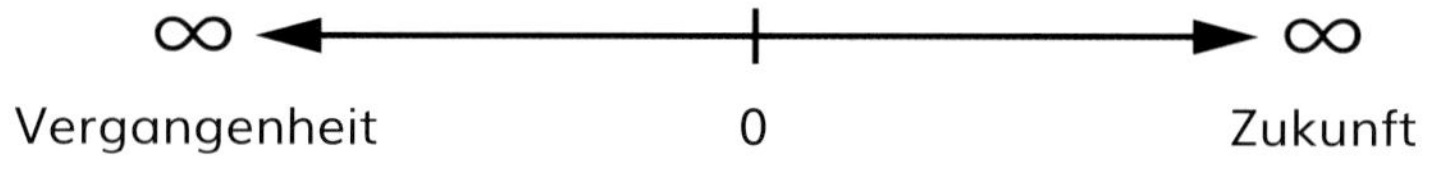

Im alten Griechenland gab es eine Denkschule, die Sophisten, welche selbst auch noch der Vergangenheit und Zukunft jegliche Realität absprach. Denn beide sind ja nicht im Jetzt beobachtbar vorzufinden, sondern waren es bestenfalls oder werden es sein. Und da die Gegenwart sowieso unendlich kurz ist, gibt es aus empirischer Sicht weder die drei Zeitabschnitte noch die gesamte Zeit überhaupt.

So weit wollte anschließend Aristoteles (384-322 v. Chr.) nicht gehen. In seiner Physika berätselt er auf vielen Seiten den Punktcharakter der Zeit und fragt sich, ob der Jetzt-Punkt im Ablauf der Zeit immer derselbe ist oder ob dabei unendlich viele Zeitpunkte aufeinanderfolgen.

> *Was aber die Zeit wirklich ist, was ihr Wesen ist, das bleibt gleichermaßen unklar, einerseits aus dem Überlieferten, andererseits aus dem, was wir gerade im Vorigen durchgegangen sind. (Aristoteles, Physik, Buch IV, Kap. 10)*

Es war vor hundert Jahren Steiner, welcher davon sprach, dass dem Menschen die Fähigkeit, das Rätsel der Zeit ins Rechte zu denken, erst durch das Wirken Christi auf der Erde geschenkt worden ist:

Was früher räumliche Anschauung war, sollte nun zeitliche Anschauung werden durch das Mysterium von Golgatha. Das war das Bedeutsame, was geschehen war. (GA233, 19.4.1924)

Der Christus hat den Menschen wiederum die Zeit gebracht. (GA 236, 4.6.1924)

Merkwürdig – des Merkens würdig – ist, dass um so viele Jahre, wie Aristoteles vor der Zeitenwende am Rätsel der Zeit scheiterte, ebensoviele Jahre nach ihr einer der ersten bedeutenden christlichen Denker, Aurelius Augustinus (354-430) erstmals in der Weltgeschichte eine Autobiographie als Bekenntnis seines Lebens vor Gott verfasste, in welcher er eine empirische Antwort auf dieses Rätsel gibt. In diesen *Confessiones* fragt er nach den Ewigkeitseigenschaften Gottes. Bevor er sich daran wagen kann, müsse er aber zuerst die leichtere Frage nach dem, was Zeitlichkeit ist, angehen. Nun befragt er Vergangenheit, Gegenwart und Zukunft und entdeckt, dass die Vergangenheit natürlich nicht da ist, sondern allein in ihrer Vergegenwärtigung durch die Erinnerung. Auch die Zukunft als solche kenne er nicht, jedoch ihre Vorwegnahme in der gegenwärtigen Erwartung. Diese beiden kenne er also nur in der Gegenwart:

Es gibt drei Zeiten: Gegenwart des Vergangenen (Erinnerung), Gegenwart des Gegenwärtigen (Anschauung) und Gegenwart des Zukünftigen (Erwartung). Denn diese drei sind in der Seele, und anderswo sehe ich sie nicht.

(Augustinus 1950, S. 318)

Diese drei Zeitmodi gibt es nie jeden für sich, sondern jeder Abschnitt kann nicht ohne die beiden anderen existieren. Sie bilden in der Gegenwart selbst bei aller Verschiedenheit ein einheitliches Kontinuum. Die Simultanität (Gleichzeitigkeit) der drei Zeiten im menschlichen Seelenraum ist die Entdeckung des Augustinus.

Mit dem Erwachen der neuzeitlichen Lebenswissenschaften zeigt sich nun, dass dieses Verständnis der erfüllten Gegenwart durch die Gleichzeitigkeit aller drei Zeitmodi nicht nur im Seeleninneren, sondern auch da draußen in allen Lebenserscheinungen anzutreffen ist. Das lässt sich tatsächlich verallgemeinern: Jeder Organismus trägt seine gesamte evolutive Vergangenheit permanent als Feinordnung seines Erbguts (DNA, RNA) in sich. Zugleich besitzt er schon im Jetzt die fortwährend anwesende

Potenz, je nach Anlass und Bedarf in Zukunft Restitutionen, also Ausheilungen, in Gang zu setzen. Wenn sie über das Individuum hinausgehen, nennen wir das Fortpflanzung. Mit dem Erbgut und der Restitutionspotenz sind in jedem Organismus Vergangenheit und Zukunft zugleich gegenwärtig, solange er lebt. Goethe muss sich über diese konstitutionelle Grundeigenschaft allen Lebens im Klaren gewesen sein, denn seine lapidarste Kurzfassung war: „Leben ist Gegenwart."

Diese Zeitverschränkung ist der eindeutige konstitutionelle Unterschied zwischen den toten und lebenden Erscheinungen in der Natur. Das Tote kennt nur die punktuelle Gegenwart, das Lebendige besitzt inhaltliche Gegenwart. Diese erst macht die Biologie zu einer autonomen Wissenschaft. Der Biologe und Naturphilosoph Adolf Meyer-Abich (1893-1971) entdeckte diesen Sachverhalt für den gesamten Evolutionsverlauf in der Biosphäre der Erde, denn jede erreichte Evolutionsstufe lässt ja durch Vererbung ihre Vorstufen nicht hinter sich und besitzt immer zugleich auch schon die Anlagen für Künftiges:

> *Jeder Organismus, der jemals real existiert hat, heute noch existiert und in Zukunft einmal existieren wird, stellt in seinen taxonomischen Merkmalen eine jeweils als lebendige Ganzheit in einer speziellen Umwelt lebensfähige Kombination von primitiven, progressiven und intermediären Merkmalen dar, ganz gleich welches immer seine phylogenetische Entwicklungshöhe sein mag. (Meyer-Abich 1943, S. 296/297)*

Zur gleichen Zeit entdeckte der Nationalökonom und Kulturphilosoph Wilhelm Röpke (1899-1966) die Zeitintegration in der geschichtlichen Abfolge der Kulturen: Jede Kultur lebt dadurch in ihrer Entwicklung, dass sie die Kulturschätze der vorherigen Kulturperioden als Bildungsgut weiterpflegt und weitergibt. Außerdem bildet sie ihre eigenen Innovationen aus. Und sie trägt drittens jetzt schon die Keime der nachfolgenden, anschließenden Kulturepoche, oft noch unerkannt, in sich (Röpke 1942). Er nannte das die „historische Interferenz". Die gleiche Beobachtung hatte schon Steiner 1915 gemacht (GA 159).

*

Kehren wir nochmals zu den Naturvorgängen zurück. Wieso lebt jeder Organismus in einem anderen Zeitvermögen als die tote Welt? Das ist neuerdings gut beschreibbar und zwar, wie sonst selten in den Lebenswissenschaften, sogar gut verallgemeinerbar. Jeder Lebensvorgang oszilliert. Alle kurzen, mittleren und längeren Zeitabläufe rhythmisieren hier: Jeder physiologische Wert schwankt rhythmisch um einen Mittelwert. Das demonstriert unmittelbar, dass jeder Periode eine Wiederholung ihres vorhergehenden, ähnlichen Verlaufs ist, also das gerade Vergangene wieder vergegenwärtigt.

Die Wiederholungen erfolgen aber, genau genug besehen, nie in völlig gleicher Weise. Das wäre sonst der Takt der Maschine. Rhythmus ist nicht die Wiederholung des Gleichen, sondern immer des mehr oder weniger Ähnlichen. In jede Wiederholung geht somit offene Zukunft ein, die nicht beliebig vorhersagbar ist. Dadurch fließt in jeden Zyklus etwas von der Innovationspotenz der Zukunft in die Gegenwart hinein. Kein Buchenblatt wuchs genau gleich einem anderen Blatt des gleichen Baumes heran. Keiner unserer Atemzüge ist völlig dem anderen gleich. „Ein krankes Herz marschiert [oder ist chaotisiert], ein gesundes Herz tanzt.“ (Goldberger 1991) Da die *bewegliche* Rhythmisierung der sonst linear getakteten Newtonschen Zeit das Kennzeichen des Lebens ist, wird die moderne Biologie sich immer mehr für das überreiche Spektrum der rhythmischen Zeitgestalten der Lebewesen interessieren. Was uns als Raumgestalt eines Organismus erscheint, ist ja immer das Ergebnis seiner Zeitgestalt. Alle Biologie wird Chronobiologie werden. Nach den Genomics und Proteomics kommen jetzt die Chronomics (Duboule 2003).

Der darin bestuntersuchte Organismus ist der Mensch (G. Hildebrandt in Roßlenbroich, 1994), ohne dass davon schon viel in der sozialen Praxis angekommen ist:

Medizin, Pädagogik, die Arbeitswelt und insbesondere die Natur sind dringend darauf angewiesen (Schad 2006, 2012).

Zeitlinear ablaufende Vorgänge gibt es natürlich auch in jedem lebenden Organismus, eben insoweit sich die Zeitverschränkungen auflösen und wieder linear werden, also Absterbeprozesse eintreten. Das findet im permanenten Stoffwechsel nach jedem Aufbau im folgenden Abbau statt. Und dieser Wechsel ist vom Leben selbst triadisch rhythmisiert. Dadurch kann dieses im gesunden Zustand so meisterhaft mit der Stoffwelt umgehen. Auf der anderen Seite kann es bei seelisch begabten Organismen ebenso deren Zukunftserwartungen in die Zeitbindung integrieren. Nur dadurch konnte Augustinus im eigenen Seelenleben die integrale Simultanität der zusammengebundenen Zeit entdecken. Ja, nur dadurch ist diese durch Rhythmus verdichtete Zeit überhaupt die Verbindungsbrücke zwischen Leib und Seele, zwischen Objekten und Subjekten, weil sie selbst jenseits dieser kartesischen Trennung weder objekthafter noch subjekthafter Natur ist.

Jeder Organismus stößt täglich, stündlich, minütlich etc. tote, erstorbene Substanz ab und assimiliert neue. Nur das Umgekehrte ist nie beobachtet worden: nämlich dass allein aus linearer, kausaler Zeit sich die biologische Zeitintegration technisch zusammenbauen lässt. Integrierte Zeit stammt eben immer von einer ebensolchen ab: *Omne vivum ex vivo* (Francesco Redi 1688). Dass trotz gewaltigem zeitlinearem, personellem und finanziellem Aufwand seit 430 Jahren kein Erfolg zu verzeichnen ist, legt die Aussichtslosigkeit schon pragmatisch nahe. Auch die Einschleusung künstlich synthetisierter DNA führte nur deshalb zur Proteinsynthese, weil das behandelte Bakterium seinen lebenden enzymatischen Apparat ja intakt besaß. Dafür haben wir nun auch das prinzipielle Argument: die Autonomie der integralen Zeitstruktur jedes echten Lebens. Urzeugung gibt es nicht, weil alle Versuche in nur linearer Kausalität keine dauerhafte Potenz zur Zeitverschränkung hervorbringen können. Es gibt eben nicht *die* Zeit, sondern deutlich verschiedene Qualitäten von Zeit. Auch im Seelischen verläuft Zeit anders als im Toten und im Lebendigen. Und wie steht es mit ihr im Geistigen und Göttlichen?

Goethes Umgang mit der Dreizeitigkeit

Heute kommt es nicht mehr so sehr auf die Überlieferung, sondern auf die Primärerfahrungen an. Umso mehr können wir dann wieder die Überlieferungen aus der Vergangenheit neu begrüßen und in die Gegenwart für die Zukunft einbeziehen. Man entdeckt sie bei dem Universalisten Goethe auch erst, wenn man die Zeitbindung selbst erkannt hat:

Genieße mäßig Füll' und Segen,
Vernunft sei überall zugegen,
Wo Leben sich des Lebens freut.
Dann ist Vergangenheit beständig,
Das Künftige voraus lebendig,
Der Augenblick ist Ewigkeit.
(Vermächtnis 1829)

Dein Lied ist drehend wie das Sterngewölbe,
Anfang und Ende immerfort dasselbe,
Und was die Mitte bringt, ist offenbar
Das, was am Ende bleibt, und anfangs war.
(West-östlicher Diwan, Buch Hafis)

Wie herrlich mein Erbteil weit und breit!
Die Zeit ist mein Besitz, mein Acker ist die Zeit.
(West-östlicher Diwan, Buch der Sprüche)

Die Zeit ist ihm zugleich Erbteil, Besitz und der Acker, um zu säen. Und das zugleich entsprechend in rhythmisierter Sprache, Dichten genannt!

Die Kunst ist voll davon. Schon im germanischen Stabreim reimen sich einzelne Buchstaben. In den antiken Versmaßen wiederholen sich in unentwegten Varianten die Silbenrhythmen in jedem nächsten Versfuß. Seit dem Mittelalter wiederholt

sich im Endreim der Klang der Zeilenenden. Und in der Musik empfinden wir erleichterte Befriedigung, wenn der Schlussakkord in der gleichen Tonart erfolgt, in der das Stück begonnen wurde – trotz manchem vorherigen Durchgang durch andere Tonarten, im Wechsel von Dur und Moll voller Überraschung durch Zukünftiges.

Etwas davon ist im Kleinen schon das Oktaverlebnis. Das gleiche Erlebnis fand Goethe im Farbenspektrum des Sonnenlichtes, das mit Tiefrot beginnt und mit Tiefviolett endet. So sah er sich in der Lage, beide Enden des Spektrums miteinander zu vereinen. Tatsächlich fand die Wellenoptik, dass es sich bei den Wellenlängen der sichtbaren Spektrums-Enden um eine Halbierung, also um eine Farboktave handelt. (Rot: 780×10^{-6} mm, Violett: 380×10^{-6} mm). Auf jedem Streichinstrument erklingt auf der halben Saite bekanntlich hörbar die Oktave des Grundtones.

Nun traf Goethe auf seiner 2. Harzreise den Vizeberghauptmann Heinrich von Trebra, der ihn in die Geologie dieses nördlichsten Mittelgebirges einführte, insbesondere in die des Brockenmassivs, wo ihn die Ehrfurcht vor der Dreifaltigkeit in der Zusammensetzung des Granits aus Quarz, Feldspat und Glimmer befiel. Der Quarz ist lichtdurchlässig, der Glimmer innen finster, da er alles Licht wegspiegelt, während der vermittelnde Feldspat diesem körnigen Gestein die Farbe als verbindende Mitte zwischen Hell und Dunkel gibt. Aus Dankbarkeit bot er dem Bergkenner das Du an, und eine lebenslange Freundschaft begann. Wozu nun diese Geschichte?

Abb. 55, links: Die Sonne, umgeben von einer kreisförmigen Schlange, die ihren Schwanz verschlingt, ist Schutzgeist des Menschen. Romanisches Tympanon in der Dorfkirche von Groß-Escherde, westlich Hildesheim (W. Schad).

Abb. 56, rechts: Böhmisches Trinkglas Goethes mit aufgemalter Ewigkeitsschlange um den Goetheschen Farbenkreis und darin gefangenem Fliegenteufel Mephisto (Goethe-Nationalmuseum Weimar).

Zum 64. Geburtstag schenkte von Trebra Goethe eine geschliffene Granitplatte aus der ja einst von beiden besuchten Kontaktzone am heutigen „Goetheplatz" im Rehberger Graben im Hochharz mit dem „Hornfels" (einem durch das Granitmagma versinterten Sedimentgestein); sie ist noch heute im Gartenhaus Goethes in Weimar als Tischplatte zu sehen. Dem Geschenk lag noch ein böhmisches Trinkglas bei, auf dem nun der Goethesche Farbkreis abgebildet ist, umgeben mit dem Bild einer Schlange, deren Kopf und Schwanz, Anfang und Ende, sich zusammenschließen (Abb.56). Dieser „Schwanzfresser" = „Uroboros" ist das alte, schon aus Ägypten (Tutenchamun-Goldschrein) stammende Symbolum der Ewigkeit, das ebenso das Mittelalter kannte (Abb. 55). In seinem Antwortbrief sah Goethe das, fein korrigierend, etwas anders:

Man bedient sich als Symbol der Ewigkeit der Schlange, die sich
in einen Reif abschließt. Ich betrachte dies hingegen als Gleichnis
einer glücklichen Zeitlichkeit. (05.01.1814)

Goethes Glück war da, wo sich in der Gegenwart zugleich die erfüllte Zeit kundtut, wenn Anfang und Ende nicht mehr getrennt sind. Das ist ja das Urchristliche, dass Gott, die Ewigkeit, einmal *im Zeitlichen* Mensch geworden ist und es nicht bei dem Dualismus von Himmel und Erde blieb.

Bei der Anfahrt zur 3. Harzreise brach Goethe am 8. August 1784 im thüringischen Dorf Dingelstedt eine Wagenachse. An diesem Tag, der, bis das Gefährt repariert war, ihm ungeplant plötzlich zur Verfügung stand, begann er sein wohl esoterischstes Gedicht niederzuschreiben: das Epos *Die Geheimnisse* – ein Fragment. Darin wird eine Gemeinschaft von zwölf Rittern geschildert, die sich um einen Dreizehnten, den Humanus, versammeln, welcher gerade verstorben ist und dessen Nachfolger der abends um Aufnahme bittende Bruder Markus werden soll. Dieser erblickt am Eingang ein Rosenkreuz über der Tür:

Er sieht das Kreuz mit Rosen dicht umschlungen.
Wer hat dem Kreuze Rosen zugesellt?

Im Innern gibt es einen Tempelraum, in welchem das Rosenkreuz noch einmal dargestellt ist. Die Dichtung blieb unvollendet. „Das Unternehmen war zu ungeheuer groß für meine Lage". Einst als kranker Student war Goethe im Frankfurter Elternhaus von einem Rosenkreuzer-Arzt behandelt worden. Dieser Johann Friedrich Metz (1721-1782) hatte ihm Rosenkreuzer-Schriften ans Krankenlager gebracht. In Weimar waren es bald Herder und Frau von Stein gewesen, die das Rosenkreuzerthema mit ihm bewegten. Später erzählte Wilhelm von Humboldt (1767-1835) auf seiner 1797 begonnenen Spanienreise in einem langen Brief an Goethe von seinem dortigen Besuch des Klosters am Montserrat an der Südseite der Pyrenäen, wo vermutet wird, dass dort einst die Gralsschale aufbewahrt worden sei.

Später schrieben Studenten aus Königsberg Goethe an und erbaten Aufklärung über den geplanten Fortgang der unvollendeten *Geheimnisse*. Goethe antwortete 1816 diesmal ausnahmsweise auf eine solche Anfrage: Er habe eine Art „ideellen Montserrat" darstellen wollen. Die zwölf Ritter seien die Repräsentanten von zwölf Weltreligionen, die sich um den Repräsentanten der ganzen Menschheit, den Humanus, geschart hätten (HA, Bd.2, S. 281).

Das war die Zukunftsvision Goethes, die damals wie heute nicht erfüllt ist, und deren Vollendung er deshalb fertig zu formulieren vermied. Aber es ist Goethes Zukunftsprophetie, dass sich alle Religionen zur gemeinsamen Mission aller Menschen vereinigen können. Wenn eine solche Zuwendung zu allem Anderen, was wir nicht selbst sind, in unserem Sprachgebrauch als das wahrhaft Christliche genannt wird, so ist die Ausweitung des echten Interesses über alle lokalen Horizonte hinaus selbst schon ein solches, auch wenn es ganz anders genannt sein würde.

Die Vorübung dazu ist es, auch die Natur mit allem auf der Erde Vorhandenem einzubeziehen (GA 136, 3.4.1912). Deshalb haben wir, wo es ging, so viel wie möglich die Gegebenheiten der Geographie der Erde mit ihrer Geologie, Ozeanographie, Atmosphärenkunde und ihrer Pflanzenwelt, ja die Stellung der Erde im planetarischen und kosmischen Raum einbezogen, um daran die Fähigkeiten auszubilden, über unsere engen Horizonte hinwegzukommen und uns auch dadurch dem Geist der ganzen Erde zu nähern.

*

1937 wurde im Nildelta Ägyptens der Moslem Ibrahim Abouleish geboren. Am Ende seiner Schulzeit in Kairo bekam er von einem Onkel Werke Goethes in arabischer Übersetzung in die Hand. Auch in der Übertragung packten ihn die Sprache und der Inhalt so, dass er beschloss, die deutsche Sprache zu lernen und in Mitteleuropa zu studieren. Er kam bis Graz, wo er chemische Technologie studierte, zurückkehrte und am Ostrand des Nildeltas in der Wüste mit erbohrtem Grundwasser des Nils ein grünes Paradies für Pflanzen, Tiere und Menschen aufbaute: die Sekem-Farm (Abouleish 2004). Dafür bekam er bald den alternativen Nobelpreis aus Stockholm und später die Staufer-Medaille des Landes Baden-Württemberg als hohe Anerkennung seiner sozialen Pionierarbeit in Nordafrika.

Schon in Graz war er der Philosophie der Freiheit von Steiner begegnet und lebte auf Sekem vor, wie die Anthroposophie, weil sie allgemeine Menschenkunde ist, in jeder Religion gelebt werden kann (GA 35, 16.10.1916, S. 255f). Das Christentum lernte er inhaltlich erst durch die Anthroposophie selbst kennen. Mit dieser überkonfessionellen Unbefangenheit nahm er sich vor: „Meine Aufgabe ist es, das Christliche im Koran zu entdecken". So fand er, dass in den 99 Namen Allahs 33 vatergöttliche Qualitäten, 33 sohnesgöttliche Tugenden und 33 geistgöttliche Eigenschaften vorhanden sind (Abouleish 2016). In dem Eingott Allah gibt es zugleich alle drei. Er entdeckte die Dreieinigkeit Allahs in seiner Religion und blieb ihr lebenslang als praktizierender Moslem treu.

Er hatte die Hoffnung, dass in Sekem neben der von ihm schon erbauten kleinen Moschee auch eine Synagoge und eine christliche Kapelle einmal miteinander stehen werden. Dann könnten alle drei abrahamitischen Schriftreligionen zusammen vorleben, wie man nicht nur miteinander auskommen, sondern sich auch gegenseitig aufhelfen und befruchten kann. Bilden etwa die mosaische, christliche und islamische Religion nicht nur eine zeitlich lineare Abfolge, sondern in ihren substanziellen Vertretern zusammen eine zeitintegrale Beziehung? Wer bezieht sich auf wen? Und wer kann es künftig?

Der vormalige Bundeskanzler Helmut Schmidt (1918-2015) berichtete in seinen Erinnerungen 1996, dass von allen seinen Begegnungen mit den Regierenden der Welt für ihn die menschlich bewegendste mit dem ägyptischen Präsidenten Muhammed Anwar as-Sadat gewesen sei. Dieser hatte ihm auf einer nächtlichen Nilfahrt erzählt, dass er sich wünsche, dass auf dem Sinai am Mosesberg eine Synagoge, Kirche und Moschee gemeinsam stehen sollten, für die er schon die Grundrisse festlege. Sadat, der übrigens ein Schulkamerad von Abouleish in Kairo gewesen war, wurde, weil er für den Frieden mit Israel eintrat, von fanatischen Islamisten auf einer öffentlichen Kundgebung 1981 in Kairo erschossen.

Goethe hatte sich von 1815 bis 1820 konzentriert mit dem Islam beschäftigt, woraus seine Gedichte des West-östlichen Diwans, mit eigenen Erläuterungen versehen, entstanden sind, um Europa zur Schätzung dieser Kulturwelt anzuregen (Schad 2005). „Islam" heißt übersetzt „Ergebenheit". Goethes Verse greifen dieses Wort unbefangen, weil für jeden religiösen Menschen stimmig, auf:

Närrisch, dass jeder in seinem Falle
Seine besondere Meinung preist!
Wenn Islam Gott ergeben heißt,
Im Islam leben und sterben wir alle.

In der islamischen Kultur gilt er deshalb seitdem als Moslem. Die bedeutende Germanistin Katharina Mommsen/Stanford ist in Wort und Schrift dafür eingetreten, dass, wenn Goethes Versuch zur gegenseitigen Schätzung damals angenommen worden wäre, es nicht zum derzeitigen „clash of cultures" zwischen dem Westen und dem Islam gekommen wäre, der heute den Weltfrieden gefährdet (Mommsen 1988, 2001). Ibrahim Abouleish sagte 2008 zu mir: „Noch sind wir nicht so weit, dass sich Goethes Prophetie in seinen Geheimnissen jetzt schon erfüllen kann".

Doch nicht nur zwischen den verschiedenen Religionen kommt es zum unreligiösen Dauerstreit, sondern oft ebenso heftig innerhalb derselben zwischen deren Konfessionen. Schiiten und Sunniten bekämpfen sich derzeit rücksichtslos militärisch im Jemen. Die Leitung der russisch-orthodoxen Kirche feuert Putin im Ukraine-Krieg an und spezielle amerikanische Kirchen Donald Trump gegen die demokratische Ordnung der USA. So liegt es existenziell nahe, dass alle Religionsgemeinschften der Erde sich friedfertig zusammensetzen und ein gemeinsames Memorandum beschließen und kundgeben, dass sie geschlossen ablehnen, für staatliche Machtansprüche benutzt zu werden. Goethes Erfahrung war:

Zwei Gegner sind's, die sich boxen,
die Arianer und die Orthodoxen.
Durch viele Säkla dasselbe geschicht.
Es dauert an bis an das jüngste Gericht.

(Zahme Xenien IX)

Dass es zu einem Miteinander aller Religionsgemeinschaften auf der Erde kommen wird – und sie muss kommen –, das wird die allerbeste Voraussetzung sein, dass die nukleare Vergiftung und die atomare Vernichtung allen Lebens auf der Erde, für die jetzt längst schon alle technischen Voraussetzungen gegeben sind, nicht eintreten wird. Denn dann erst wird diese Gefahr politisch, wissenschaftlich und technisch beherrschbar sein.

Schon die Namengebung der Trinität in Vatergott, Sohnesgott und den heilenden Geistgott deutet einen Einbezug der integralen Zeit in den Ewigkeitsbereich an. So dichtete der schlesische Mystiker Angelus Silesius (1624-1677) im Jahr 1657:

Der Vater war zuvor, der Sohn ist noch zur Zeit,
der heilige Geist wird sein im Tag der Herrlichkeit.

Fasst man den Zeitzusammenhang der Gottheit als ihr lineares Nacheinander auf, so gilt die unpassende Zeitlogik. Bemerkt man, dass die Menschwerdung Christi die Inkarnation der Ewigkeit in die geschichtlich-irdische Zeit gewesen ist, so ist dadurch der Dualismus zwischen zeitloser Ewigkeit und linearer Zeitlichkeit aufgelöst worden. Dadurch kann das Uralt-Göttliche und kann der für die Zukunft heilende Gottesgeist zugleich in jeder Gegenwart der Sohneskraft anwesend sein.

Das haben offensichtlich die Maler und Bildschnitzer im göttlichen Trivultus dargestellt. Das Christusantlitz blickt dreifach in der Gegenwart uns an, wie auch zugleich zum Vater und zum Geistgott. Der Sohnesgott ist es, der alle drei in eins verbindet. Aus dem Zweigesicht des antiken Janus ist das einige Dreigesicht Christi geworden. Die lineare Zeit ist durch die Zusammenbindung aller drei Zeitpunkte zur Zeitverschränkung des Lebens geworden.

Damit sind Zeit und Ewigkeit nun nicht mehr als immer getrennte Welten aufzufassen, sondern fortwährend ineinander verschlungen. Wenn das wiederentdeckt und neuentdeckt wird, so wird es das Einende aller Gegensätze in den Religionen, ohne diese Vielfalt abzuschaffen, auf der Erde sein können, und jeder wird in seiner Sprache davon reden können. Ein solches Verständnis der Dreieinigkeit wird Polytheismus und Monotheismus in sich vereinigen können, da das Trinitarische selbst beide in sich birgt.

Gerade im Christentum sind wir durch die Überlieferung der Trinität seit 2000 Jahren zu dieser Großherzigkeit aufgefordert, diesen überlieferten religionsversöhnenden Auftrag anzunehmen. Aber kamen nicht schon zu Abraham die drei Männer, welche die Ikonen der Ostkirchen zumeist als Engel wiedergeben und die von Abraham zugleich zusammen als „der Herr" bezeichnet werden. Die Bezeichnungen „drei" und „einer" wechseln fortwährend in diesem 18. Kapitel des 1. Buches Moses als das trinitarische Verständnis der Gottheit schon im Alten Testament (s. a. Frieling 1983). Und gab es nicht z. B. auch schon im alten Indien Dreiergottheiten? So Brahma, Schiwa und Wischnu im Trimurti. Alle afrikanischen Stammesreligionen verehren das Nomo – das reine Leben und damit die dauernd sich erfüllende Zeit (Tempel 1956). Religion sollte kein Nominalismus sein. Gott spricht zu jedem Volk in dessen eigener Sprache (Herder). Wo sich die lineare Zeit selbst in der strömenden Gegenwart verschränkt, befrieden sich auch die schlimmsten Kriege: die Religionskriege und daraufhin die Kriege der Menschen gegen den Lebensplaneten Erde.

Papst Urban VIII verbot während des Dreißigjährigen Krieges 1628 den Trivultus. Die Päpste fürchteten diese Tiefensymbolik der Dreizeitigkeit Christi ebenso, wie schon vorher die Zeitalterlehre von Vater, Sohn und Geist im linearen Nacheinander durch den süditalienischen Mönch Joachim de Fiore (um 1130-1202), der das kommende Zeitalter des Heiligen Geistes ausrief. Trotzdem tauchte das Dreigesicht Christi, allerdings nun eher außerhalb von Ortschaften in abgelegenen Bergkapellen und Bildstöcken, noch weiterhin auf. So im Tessin noch am Bildstöckel von 1760 bei Someo / Maggiatal jenseits des Flusses, so oberhalb von Maggia im Bergkapellchen Madonna della Cascata (1715), so gegenüber von Bellinzona am Monte Carasso an der Bergkapelle San Bernardo (ca. 1450) und im Unterengadin in Lawin (um 1500).

In Basel befindet sich ein Trivultusfresko in der Martinskapelle, einem kleinen Anbau an der Peterskirche (um 1400), während im Münster ein steinerner Trivultus als elementarisches Schreckgespenst mit Fischschwanz an einer Säulenbasis des Hochchores eingemeißelt worden ist (ca. 1365).

Blicke in die Zukunft

Wir begannen mit der Anknüpfung an Johannes Kepler, der die Erde, wie schon Bruno und Kopernikus, als Planet entdeckte und sogleich dazu die Geometrie und Mathematik der Umlaufbahnen aller Planeten (1619). Newton hat aus ihnen die physikalischen Ursachen erschlossen und 1687 beschrieben. Wenig bekannt ist, dass sich Newton schon vorher wie Leibniz mit rosenkreuzerischer Alchemie beschäftigt hatte und beide keineswegs ein bloß materielles Weltbild vertraten (Fröba u. Wassermann 2007).

Keplers Wahrheitssuche bestand in dem Vorhaben, den Schöpfungsplan Gottes für das Weltall aufzudecken, der ja – weil von Gott – aus Harmonien bestehen musste, und nannte deshalb den Titel der Veröffentlichung seiner Planetengesetze bewusst „Harmonices mundi“. Zu ihnen gehörte es für Kepler, dass dann auch die Erde in ihren vielfältigen Rhythmen lebt. In den obigen Ausführungen haben wir zusammengetragen, in welchem Ausmaß wir auf Schritt und Tritt jeden Tag damit zu tun haben. Der Reichtum an Fakten birgt eine Lebenskunde in sich, die die Erde als den biologischen Planeten noch deutlicher aufweist.

Kepler wäre heute wohl voll befriedigt, wenn er unseren derzeitigen Kenntnisstand kennenlernen würde. Derselbe ist ja umso erstaunlicher dadurch, dass er nicht in der Annahme ermittelt wurde, die Erde sei ein Lebewesen, sondern bei voller Abstinenz von einer solchen Vermutung. Nicht die fertige Annahme hat dazu geführt, sondern die für die Forschung unerwartet wachsende Fülle an Gegebenheiten.

Nun ging ja Kepler sogleich noch einen Schritt weiter und sprach auch von der Seele dieses Erdlebens, von der Erdseele. Wir haben im vorletzten Kapitel eine heute jedem mögliche Erfahrung davon nahegelegt. Viele Menschen haben solche noch am ehesten von dem Landstrich, wo sie geboren und als Kinder aufgewachsen sind: Das Erleben der Landschaftsseele verblasst in seiner vorherigen Intensität meist im Jugendalter, wenn die Welt nüchtern wird, oder es verbleiben Reste davon als das „Heimatgefühl“, ohne je wieder die Stärke zu erreichen, die man als Kind einst in völliger Unbefangenheit gehabt hat.

Die Heimatliebe ist eine seelische Kraft, die nicht nur dem Menschen etwas bedeutet, sondern von der die Landschaft selbst etwas erhält. Von Menschen bewohnte Landschaften haben eine andere Stimmungskomponente als die von Menschen noch ganz unbewohnten Landstriche. Man wandere einmal in dem seit tausenden von Jahren geschichtsdichten, ja schon urgeschichtsdichten Israel, durch das sich hindurch Völkerwanderungen dreier Kontinente unentwegt abspielten, oder ein andermal durch die weithin menschenleere Taiga und Tundra des nördlichsten Europas.

Doch wie jede Tugend hat das Hängen an seiner Kindheitslokalität auch ihre Gefahr. Es ist die, nostalgisch im Lokalkolorit stecken zu bleiben. Es ist sogar eine gute Bedingung für jeden geistig Suchenden, sich vom Allzuvertrauten zu lösen. Der geistig Aktive bedarf einer gewissen Heimatlosigkeit. Die alten Römer empfanden: Ubi bene, ibi patria = Wo es mir gut geht, ist mein Vaterland. Goethe schickt den Wilhelm Meister - sein „dramatisches Ebenbild“ (so an Charlotte, 24.6.1782) - nach den Lehrjahren in die Wanderjahre:

> *Man hat gesagt und wiederholt: Wo mir's wohlgeht, ist mein Vaterland! Doch wäre dieser tröstliche Spruch noch besser ausgedrückt, wenn es hieße: Wo ich nütze, ist mein Vaterland! Zu Hause kann einer unnütz sein, ohne dass es eben sogleich bemerkt wird; außen in der Welt ist der Unnütze gar bald offenbar. Wenn ich nun sage: Trachte jeder überall sich und andern zu nutzen! so ist dies nicht etwa Lehre noch Rat, sondern der Ausspruch des Lebens selbst. [...]*
>
> *Hierzu hat Gott der Herr selbst Anlass gegeben, indem er, den babylonischen Turmbau verhindernd, das Menschengeschlecht in alle Welt zerstreute.*
>
> *Lasset uns ihn darum preisen, denn dieser Segen ist auf alle Geschlechter übergegangen. (3. Buch, Kap. 9)*

Also: Zerstreut euch, um, wenn ihr vielfältig geworden seid, voneinander Neues zu lernen und euch untereinander zu ergänzen. Wilhelm bekommt für seine Wanderzeit die Auflage, an keinem Ort länger als dreimal zu übernachten.

Steiner hob geradezu für den Geistesschüler die spirituelle Notwendigkeit hervor, sich mit Geographie lernend und reisend zu beschäftigen (GA 136, S. 59 ff., 05.04.1912). Er nennt als Beispiel Pythagoras und Plato, die in andere Länder reisten, um z.B. in den Weisheitsschulen Ägyptens (Sais, Heliopolis, Memphis) etwas aus ganz anderen Kreisen zu lernen. Alle frühen Naturphilosophen Griechenlands sind nicht im griechischen Mutterland zum Denken aufgewacht, sondern in der Diaspora seiner Kolonien.

Diese Lebensfigur ist im Laufe des 20. und im begonnenen 21. Jahrhundert für zahllose Menschen eingetreten. Das ist zum einen eine Folge der durch die moderne Naturwissenschaft etablierten globalen Informations- und Verkehrstechniken. Der Massentourismus an die Badestrände der Welt ist es jedoch gerade nicht, der zu wirksamen Kulturbegegnungen führt, denn im Strandhotel reicht es zumeist, wenn man befriedigt vorfindet, was im Werbeprospekt stand. Aber nie hat es in kurzer Zeit so viele und so große Flüchtlingsströme von Millionen und Abermillionen Menschen gegeben, die vor Kriegen, Bürgerkriegen und Wirtschaftskatastrophen flohen und fliehen. Die Wahl bleibt nun, echt voneinander zu lernen oder in die Unmenschlichkeit abzurutschen.

Nächstenliebe und Barmherzigkeit geschehen immer in konkreten, eben direkten Menschenbegegnungen, sonst wäre jedes Gemeinwesen längst zusammengebrochen. Wo solche Ideale aber nur verbal zu kollektiven Formen anonymisiert worden sind, wurden sie lügenhaft. Hier liegt die Grundwurzel der Unmenschlichkeit. Jede genormte Ethik schlägt in scheinreligiöse Zerstörung um. Das geschieht einschließlich der materialistischen Konfessionen, die sich ebenfalls hoher Ideale bedienen und so das Beste für alle gemeinsam (= communis) versprechen und doch nur von ihren Feindbildern ebenso leben wie die theistischen Kollektive, wenn es um die Macht über andere Menschen geht. Überall, wo nur mit Glaubensappellen missioniert wurde, war das Unternehmen auf das Zerbrechen anderer Kulturen angelegt und nicht auf das Lernen voneinander.

Dieser Missbrauch der positiven Glaubenskräfte durch die Ablehnung jeder individuellen Einsichtnahme kann eben nur überwunden werden, wenn Menschen- und Weltbegegnung im Kern authentisch vollzogen werden.

Auch der konfessionalisierte oder materialistische Zeitgenosse erfährt doch normalerweise bei der persönlichen Begegnung mit jedem Mitmenschen halbbewusst oder vollbewusst dessen Würde. Wieso ist der Andere für ihn z.B. nicht nur eine Ansammlung von Wasser, Eiweiß, Fetten, Kohlehydraten plus Calziumsalzen etc., sondern Person? Wozu denn überhaupt Höflichkeit und Anstand im Alltag, den man vor seinem Chemikalienschrank doch nie ausübt? Die mitmenschliche Direkterfahrung ist so alltäglich, dass jeder daraus verallgemeinern kann, dass wir alle, wenn nicht psychopathologisch geschädigt, mit jeder Sinneswahrnehmung bei unbefangener Offenheit immer zugleich schon die zugehörige übersinnliche Wahrnehmung vom ganz Anderen auch haben.

Konrad Lorenz berichtete einmal, dass er diesen Tatbestand zuerst von dem Wiener Psychologen Karl Bühler (1879 – 1963) gehört habe, der von der „Du-Evidenz" sprach. Die übte Lorenz sogar seinen vertrautesten Tieren gegenüber und wandte sich im Alter gegen alle seine akademischen Schüler, wo sie die Massentierhaltung mit der Expertise befürwortet hatten, dass Tiere nur Verhaltensmaschinen mit Reiz-Input und Verhaltens-Output und ansonsten Blackboxen seien. Originalton Lorenz:

Wer die direkte seelische Kommunikation leugnet,
ist psychisch abnorm und gehört in die psychiatrische
Klinik, da eine Schwäche der Du-Evidenz ihn zu einem
gefährlichen Monstrum macht." (Der Spiegel, Nr. 47, 1980)

Was uns die Fähigkeit der vollen Wahrnehmung einschränkt, ist die technische Imitation der Wirklichkeit, sodass wir das Wirkende nicht mehr wahrnehmen, sondern nur für wahr halten, was doch voller Täuschung ist. Sie ist umso größer, je perfekter die Wiedergabe ist. Mit einer Fotoaufnahme eines geliebten Menschen kann man sich nicht verheiraten. Im Buchmedium imaginiere ich die darin geschilderten Menschen noch mit aktiver Phantasie. Bei einem gemalten Porträt ist die Eigenleistung des Beschauers schon eingeschränkter. Doch je geringer die verwendete Naturalistik und je charakterisierender die Kunst ist, desto geringer ist auch die Täuschung. Umgekehrt wird diese gesteigert erst durch das Schwarzweißfoto, dann das Farbfoto, dann – weil vorgetäuschte Bewegung (die schnellflimmernden Einzelbilder sind jeweils starr) – der Schwarzweißfilm im Kino (ab 1929), dann der Farbfilm dort (ab 1935), davor die sprachliche Imitation im Radio (ab 1923), dann beides, Bild und Sprache, im Schwarzweiß-Fernsehen (ab 1952), dann Farbfernsehen (ab 1966) bis hin zum Handy erst ohne, dann als Smartphone mit Display-Wiedergabe und bis zum global verfügbaren Internet. Im Großraumwagen der Verkehrsmittel spricht man nur noch wenig miteinander, stattdessen bekommt man unbegrenzt Familiäres aus den Smartphones der näheren und weiteren Nachbarn lautstark mit.

Die Anonymisierung ist perfekt. Im Internet benimmt man sich gegen andere so brutal bis kriminell, wovor man in der persönlichen Begegnung zumeist (noch) zurückschrecken würde. Nicht nur wird man von allen technischen Medien belogen, sondern es wird von diesen bewusst so offen gelogen, dass die Fake News in der Politik global inzwischen als eine Möglichkeit, mit Menschenmassen prägend umzugehen, toleriert werden. Die halben USA praktizieren derzeit diesen Normalfall, und auch die führenden Personen in den beiden anderen Großmächten, Putin und Xi Ping, geben dafür Beispiel. Selbst die funktionierenden Demokratien sind nicht ganz frei davon, weil manche Protagonisten vor der Wahl oft auch anders reden als nach der Wahl. Demokratien ohne verlässliche volle Aufklärung sind keine vollen Demokratien. Und die sogenannten sozialen Medien verbreiten so viel an gezielten Fehlinformationen, dass sie vielfach zum Gegenteil geworden sind und ehrlicherweise umbenannt werden müssten.

Der Leser wird fragen: „Wozu diese Aufzählung? Das weiß sowieso doch fast jeder." Aber darin besteht doch die Groteske. Natürlich hat die mediale Technik das Doppelgesicht, zugleich eben auch wertvolle und wichtige Informationen in kürzester Zeit rund um die Erde zu verbreiten. Alle Länder sind dadurch de facto aufs engste zusammengerückt. Aber dieses Licht wird von tiefen Schatten begleitet. Und die Tiefe derselben besteht in dem globalen Verlust an umfänglicher direkter, offener, lernfähiger Menschenbegegnung, die sich nicht von der technologisch perfektionierten Unterhaltungsindustrie ersetzen lässt. Es entwickelt sich inzwischen eine globale Pandemie verlorener Du-Evidenz. Die Wahrnehmung des Du als des einmalig-unersetzlichen Ich des Anderen ist der soziale Urvorgang, und der wird uns eben maschinell abtrainiert. Was wir am Mitmenschen am besten lernen können, ist eben die nicht technologisch produzierbare Art von Ergriffenheit, Betroffenheit, Achtung und Dankbarkeit dafür, dass es den Anderen überhaupt realiter gibt.

Haben wir im Menschen den Mitmenschen gefunden, bedeutet das nicht nur für mich und den Anderen etwas, sondern wir können dann auch im Tier das Mittier besser entdecken und im Pflanzenreich die Mitpflanzen, deren Sauerstoff wir mit jedem Atemzug nun dankbar einatmen. Dann haben wir am Mitmenschen gut gelernt, die Umwelt als Mitwelt zu entdecken, und das heißt zugleich, nun die Erde selbst mit ihrem Erdleben und ihrer Erdseele nachhaltig zu erfahren. Faust erwacht, nach grausigen Erlebnissen seiner eigenen Unfähigkeiten und Untaten, eines Morgens in der taufrischen Natur eines Sonnenaufgangs im Gebirge und erlebt jetzt erst, indem er die Erde sogar mit Du anspricht:

Du regst und rührst ein kräftiges Beschließen,
Zum höchsten Dasein immerfort zu streben.
(Faust II, 1. Akt)

Es gibt tatsächlich auch eine Erdenfrömmigkeit. Sie ist der Kern des Christentums, denn in ihm wird berichtet, dass ein Gott das evolutiv Fortschrittlichste im Pflanzenreich, Samen und Fruchtsaft, zu seinem Leib und Blut gemacht hat. In vorchristlicher Zeit ahnten die Griechen in Apollo, dem Sonnengott, ein solches kommendes Gotteswesen. Und als Faust sein höchstes Ideal endlich erreicht, Helena zu treffen und sich mit ihr zu verbinden, spricht er die Verse:

So war Apoll den Hirten zugestaltet,
Dass ihm der schönsten einer glich,
Denn wo Natur im reinsten Kreise waltet,
Ergreifen alle Welten sich.
(Arkadien-Szene)

Was sich inzwischen zugespitzt hat, ist aber die globale Ökokatastrophe, indem die jahrhundertelang kirchlich verachtete Erdennatur profan nur noch als Rohstoffressource für den Überfluss an eigenem Lustgewinn übrig bleibt. Die mögliche radioaktive Gesamtverseuchung der Erde und die schon eingetretene Verseuchung der

Erdatmosphäre hin zur Übererwärmung treffen das Leben der gesamten Biosphäre der Erde ins Mark. Das ist schon seit einigen Jahrzehnten in weiten Kreisen der Erdbevölkerung bekannt. Was aber erst seit wenigen Jahren global massiv geworden ist, ist die Verschmutzung auch der Erdseele durch ein sie weltweit überziehendes Lügennetz eben dieser zwischen hohen Idealen und unverblümter Lügenfrivolität hin- und hergerissenen pubertären Menschheit.

In der zweiten Hälfte des 19. Jahrhunderts hatte der philosophische Materialismus seinen Höhepunkt erreicht. Die Psychologie, soweit es sie noch gab, war zur bloßen Vorstellungspsychologie zusammengeschrumpft. Bei Johann Friedrich Herbart (1776–1841) und seinen wirksamen Nachfolgern galten Gefühle und Willensantriebe nur noch als „Färbungen" der Vorstellungen, denn im Kopfbewusstsein hat man ja allein nur diese (Herbart, 1806). Die Wiederentdeckungen der eigenständigen traumhaften Gefühle und der unbewussten Psyche mit ihren starken Antrieben setzte sich dagegen in der anschließend auftretenden Tiefenpsychologie zuerst gegen große Widerstände durch (Breuer, Freud, Adler, Jung etc.). Gerade bewusst erfahrene seelische Verletzungen, die, wenn nicht bewusst verarbeitet, in die unbewusste Psyche verdrängt werden, erscheinen Jahre später als leibliche = somatische Erkrankungen insbesondere der Bauchhöhlenorgane (Magen, Duodenum, Pankreas, Gallenblase, Leber, Dickdarm) und wurden durch Psychoanalyse und therapeutische Gespräche oft besser geheilt als mit rein somatischer Behandlung. Die Psychosomatik kennt sowohl psychotrope chemische Medikamente als auch somatotrope seelische Betreuung. Der Zusammenhang von Leib und Seele besteht in beiden Richtungen. Nur: Erstere wirken zwar kurzzeitig, aber eben auch nur kurzfristig, und leisten so im Notfall die Symptombehandlung. Letztere braucht mehr Zeit und wirkt deshalb aber dann auch langfristig nachhaltig, denn sie ist Ursachentherapie.

Was so inzwischen für den Einzelmenschen zugänglich geworden ist, steht für die Ökotherapie und Geomedizin der ganzen Erde noch aus. Sie werden erst voll greifen, wenn die menschlichen Gesellschaften sich ihrer Vermittleraufgabe zur Erde bewusst geworden sind. Gilt dafür auch eine zugehörige Psychosomatik? Und wenn ja, welche der beiden Richtungen gilt? Direkte physische Eingriffe sind als lokale und globale

Akutmedizin schon vielfach im Gang, aber die viel beschworene Nachhaltigkeit ist doch allerorts recht risikobeladen. Erst die heilende Konstitutionstherapie wird die Nachhaltigkeit ermöglichen, und sie muss deshalb im Psychischen ansetzen, um hierin zur Psychosomatik für die Erde zu kommen. Dafür sind alle psychisch begabten Organismen auf der Erde wirksam: Tier und Mensch. Die Tierwelt hat die Ökokatastrophe nicht verursacht und leidet unter dem massiven Artensterben existentiell. Das Aussterben der seelisch so begabten Vogelwelt geht derzeit in einer Rasanz vor sich wie noch nie in geschichtlicher Zeit. Hier gilt das Verursacherprinzip, und das ist der Mensch.

Betritt man als davon Betroffener den Zoo in London, so trifft man als erstes auf einen mannshohen Spiegel mit der Unterschrift: „Hier sehen sie das schlimmste Raubtier der Erde." Das ist so richtig, wie es falsch ist. In allen heutigen Zoos werden vom Aussterben bedrohte Tierarten doch von Menschen wieder hochgezüchtet, um sie hoffentlich nachhaltig zu retten. Also widerspricht sich das Zoopersonal samt Leitung damit selber. Und Schuldgefühle zu erzeugen, bringt noch keine Tatkraft. Wie können wir sie *in praxis* gewinnen? Langfristig eben nur – neben der Akuthilfe – durch die geistigen und dann psychischen Einstellungen ganzer Gesellschaften.

Darauf machte schon Steiner aufmerksam, als er am 30. Mai 1907 (GA 99) über den griechischen Terminus *Daimonion* bei den ersten europäischen Philosophen sprach. Sokrates bezeichnete einst damit seinen guten Geist, der ihn in seinen Gedankenbildungen auch sittlich leitet. Vor ihm war es schon Homer, der zu Beginn seines Epos der Odyssee die ihn inspirierende *Musa* um Hilfe zum Dichten anrief:

Sage mir, Muse, die Taten des vielgewanderten Mannes …

Jeder schöpferische Mensch ist vertraut mit der Selbsterfahrung, dass kreative Eingebungen zwar vorbereitet, aber nicht erzwungen werden können. Einfälle sind Geschenke, die in uns als positiver Zufall „hereinfallen". Sie sind keine subjektiv im persönlichen Inneren entstehende Erzeugnisse, sondern ein Überpersönliches gibt die Sinngebungen uns ein. Und dabei bemerken wir gute oder schlechte *Daimonia*. Und zu den letzteren gehören die Lügendämonen.

Wichtig für das Thema ist nun, dass solche oder solche Wirkungen nicht nur von anderen Menschen auf uns überspringen können, sondern auch aus der Naturweltatmosphäre selber. Plato beschrieb so etwas in seinem Dialog „Phaidros". Dieser Freund des Sokrates lockte einst den verstädterten Philosophen Sokrates mit einer Schriftrolle aus den Mauern Athens heraus ins Ilissostal. Barfuß suchen sie dort einen geeigneten schönen Platz zum Philosophieren und setzen sich ins Gras unter einen schattigen Platanenbaum an eine Quelle, in deren kristallklares Wasser sie die Füße hängen. Sokrates wäre nicht Sokrates, wenn er hier etwa über die Schönheit der Natur seine Ideen produzieren würde. Nein, er beginnt, sich über den delphischen Spruch Apollos „Erkenne dich selbst" jetzt auf sich selbst zu besinnen:

> *... ob ich selbst ein Ungeheuer bin ... oder ein milderes und einfaches Wesen, das sich eines göttlichen Teils der Natur erfreut.*

Die Luft ist eben hier doch voller Wohlgeruch an der „lieblichen Quelle", und hier entdeckt Sokrates nun selbst ganz neu für sich die Natur als Inspirationsquelle für seine philosophischen Fragen, gerät dabei in große Ergriffenheit und beendet das sich mit Phaidros entwickelnde Gespräch mit einem Gebet an die geistigen Naturwesen dieser Lokalität, die er Nymphen nennt (Schad 2002). Steiner machte auf diese Erlebnisse des Sokrates in besagtem Vortrag aufmerksam:

> *Das war ein guter Dämon; man muss sich unter Dämonen nicht nur schlechte Wesenheiten vorstellen. Aber es gibt auch furchtbare, verderbliche Dämonen! Alle Lügendämonen wirken so, wie wenn sie den Menschen zurückwürfen in der großen Entwicklung; und da in der Weltgeschichte bei den Lügen der großen Persönlichkeiten immer solche Lügendämonen geschaffen werden, die sich zu ganz gewaltigen Wesenheiten auswachsen, spricht man von den ‚Geistern der Hemmnisse' oder ‚Hindernisse'. In diesem Sinne sagt Faust zu Mephisto: ‚Du bist der Vater aller Hindernisse!'*
>
> *Der einzelne Mensch, so wie er eingesponnen ist in die ganze übrige Menschheit, wirkt dadurch, dass er die Wahrheit spricht oder lügt, auf die ganze Welt zurück; denn ob er Wahrheits- oder Lügendämonen erzeugt, hat seine ganz verschiedenen Wirkungen. Denken Sie sich ein Volk, das aus lauter Lügnern bestände, sie würden den Astralplan [die seelische Atmosphäre der Erde] mit lauter Lügendämonen*

bevölkern, und diese können sich wiederum in der physischen Disposition als Epidemien äußern. So gibt es eine gewisse Form von Bazillen als Träger von Infektionskrankheiten, die von den Lügen der Menschheit herstammen; sie sind nichts anderes als physisch verkörperte Lügendämonen.

(1907, GA 99, 6. Vortrag)

Damit zeichnet sich eine gesellschaftliche Psychosomatik ab, welche die epidemischen Infektionskrankheiten einbezieht. Bevor wir sie genauer in den Blick nehmen, sollten wir uns einen näheren Einblick in diese Welt der Bazillen und inzwischen der Viren verschaffen. Über beide Gruppen ist uns naturwissenschaftlich inzwischen weit mehr bekannt als vor 100 Jahren, zu Steiners Zeiten. Um den Überblick zu gewinnen, gehen wir geschichtlich vor.

Mit dem Beginn der Neuzeit und damit der Zeit der Entdeckungsreisen rund um die Erde, erstmals im 15. und 16. Jahrhundert, wurden nicht nur neue Kontinente entdeckt, sondern Unmengen an neuen Pflanzen, Tieren und Völker-Kulturen. Deren Naturalien und Kulturschätze füllten bald die Kuriositätenkabinette der europäischen Fürstlichkeiten. Dieses Chaos verlangte, geistig bewältigt zu werden. Die Gelehrten der Barockzeit vermuteten darin den Schöpfungsplan Gottes. Der Schwede Carl von Linné (1707 – 1778) entwarf sein *Systema naturae*, in welchem er, nach künstlichen Vorgaben, alle ihm bekannt gewordenen Pflanzen- und Tierarten einordnete. Was davon eine Art ist, war für ihn kein Problem, sondern eben die Idee Gottes, der sie einst erschaffen hat. Als ihm im Alter ein Student ein wildes Löwenmäulchen (Linaria vulgaris) brachte, das strahlige Blüten statt seitensymmetrische besaß, sah er sein Weltbild gefährdet und nannte sie „Pelorien“ = Ungeheuer, gab aber dann zuletzt doch zu, dass es Weiterentwicklung der Arten geben könnte.

Goethe interessierten bei all seinen Pflanzenstudien die Abwandlungen am meisten: sowohl die der Blätter an jeder Einzelpflanze als auch die Schwankungsbreiten derjenigen Arten und Gattungen, welche die zeitgenössischen Botaniker „die Liederlichen“ abfällig nannten, z.B. die Wildrosen und Brombeeren. Und beim Übergang über die Alpen nach Italien freute er sich an den veränderten Geschwistern der ihm aus dem Norden bekannten Pflanzen und notierte sich: „Vermag wohl auch andere

Arten hervorbringen", womit er den heutigen Evolutionsgedanken 1786 für sich selbständig vor Lamarck und Darwin gefunden hatte. (Schad 1998, S. 364). Auf Sizilien fand er dann 1787 den Grundvorgang der Blattabwandlung bei jeder Blütenpflanze, was er zuerst die Urpflanze, später mit Schiller lieber die symbolische Pflanze nannte, denn das Symbolon ist wörtlich der „Zusammenfall" von Wahrnehmung und Idee.

Doch die nächste Botaniker-Generation frug nach den Pflanzen, die keine Gliederung in Blättern, Stengeln und Wurzeln hatten – wie die Algen, Pilze und Flechten. Was ist mit ihnen?

Inzwischen hatte sich das Mikroskop eingebürgert, und Matthias Schleiden schlug als Lösung 1838 vor, dass das Urorgan *aller* Pflanzen nicht das makroskopische Blatt, sondern die mikroskopische Zelle ist. Im nächsten Jahr beschrieb Theodor Schwann die Zelle für alle Tiere als Urtier und Max Schultze 1861, dass alle Mikroben aus einzelnen Zellen bestehen, also Einzeller sind. Man fasste zusammen: Alle Organismen bestehen aus Zellen, und so auch der Mensch.

Was war das Gemeinsame aller dieser Zellen? Dass sie eine lebende Hülle (die Membran) haben, der Hauptinhalt vorwiegend lebendes Eiweiß ist (das Cytoplasma) und darin jeweils ein Zellkern (der Nukleus = das Karyon) da sein muss. Wir nennen so heute alle damit normal ausgestatteten Zellen Eucyten oder Eukaryonten, die alle im Lichtmikroskop gut zu sehen sind.

An der Grenze ihrer Sichtbarkeit fanden sich kleine Stäbchen (Bazillen), Kügelchen (Coccen) oder Spiralen (Spirillen), die erst im Elektronenmikroskop gut sichtbar gemacht werden konnten. Sind das auch noch Zellen? Eigentlich nicht, weil sie keinen Zellkern haben. Doch um die erwünschte Verallgemeinerung aufrecht zu erhalten, nannte man auch sie Zellen, nämlich Procyten oder Prokaryonten, auf Deutsch allgemein Bakterien (von bakter = Stab). Sie haben die Erbsubstanz DNA oder RNA frei im Cytoplasma, während sie in den Eucyten in einer eigenen Umhüllung, abgeschirmt von Cytoplasma, eben in einem Zellkern liegt.

Die Zellenlehre bewirkte einen Siegeszug der mikroskopischen Medizin gegen die großen Seuchen der Menschheit, und Abermillionen Menschen konnten bakteriell verursachte Krankheiten überleben. Als Überträger der Infektionen kamen eben Einzeller (Eucyten) und Bakterien (Procyten) ins Visier. Aber man fand bald auch noch kleinere Überträger, welche ohne Zellkern *und* ohne Cytoplasma nur aus RNA oder DNA mit gegebenenfalls noch einer Membranhülle bestehen und deren Gift ebenfalls Krankheiten verursachen kann. Gift heißt lateinisch Virus, und so heißen heute diese kleinsten organischen Partikel, von denen man bis jetzt noch nicht sicher ist, ob sie schon leben oder leblose organische Partikel sind. Sie haben keinen eigenen Stoffwechsel, und ihre Vermehrung findet nur in ihren lebenden Wirtszellen statt.

Damit haben wir einen Überblick von den großen sichtbaren Organismen bis zu deren kleinsten Formen gewonnen. Das lernt heute jeder in den Oberklassen. Da aber ein erheblicher Teil des in der Schule vermittelten Stoffes anschließend verloren geht, haben wir die Geschichte dieser Entdeckungen referiert, um allen Lesern im Folgenden verständlich zu sein.

Kann man bei der ungeheuren Vielfalt von Organismen auf der Erde immer sicher die Arten voneinander unterscheiden? Das hängt von der Auffassung ab, was denn eine Art ausmacht. Früher verfuhr man so, dass alle Individuen zu einer Art gehören, die sich in möglichst vielen Merkmalen ähneln (Morphospezies). Eine bessere, weil biologisch fundierte Auffassung, ist: Zu einer Art gehören alle Individuen, die miteinander selbst wieder fruchtbare Nachkommen haben können (Biospezies). Eine Art ist also eine „potentielle Fortpflanzungsgemeinschaft“. Oder noch allgemeiner: Alle Individuen einer Art gehören zu einem gemeinsamen „Genpool“ (= Erbgutteich), den sie sich teilen.

Bakterien vermehren sich rasch durch Zellteilungen zu erblich identischen Nachkommen. Doch bald entdeckte man, dass sie von benachbarten Bakterien oder sogar mit Viren Erbsubstanzen wie Nahrung aufnehmen können, diese aber nicht verdauen, sondern ins eigene Erbgut vollständig einbauen können, so dass sie jene ebenso an die eigenen Nachkommen unbeschränkt weitergeben können. Es gibt also in diesem Reich der Procyten zusätzliches Erbgut aus der Umwelt, das nicht aus der eigenen Vorfahrenreihe stammt. Alle miteinander dazu fähigen Bakteriensorten bilden so einen schon dadurch leicht variierenden (mutierenden) Genpool, da es ja keine genetisch exakt abgrenzbaren Bakterienarten gibt. Wenn die Bakteriologen trotzdem ihren Pfleglingen Gattungs- und Artnamen geben, so ist das nur ein konventioneller Behelf zur Verständigung. Der gemeinsame Genpool einer fast unbegrenzt die Gene austauschenden Bakterienwelt macht dann also die gesamte Biosphäre der Erde, laut Begriff der Art als gemeinsamem Genpool, zu *einer* Art (Abb. 57). Die gesamte Biosphäre der Erde ist im Bereich der niedersten Organismen eine einzige biologische Art. Die Welt der Viren, die dabei auch reich beteiligt ist, gehört mit dazu. Bakterien und Viren sind, indem sie sich teilen können, keine In-dividuen, sondern wörtlich teilungsfähige Dividuen (Braun 1851, Troll 1943). Dazu gehören dann auch die Einzeller als die evolutiv niedersten Eucyten.

Einzeller, Bakterien und Viren sind als Dividuen das gliedhafte Lebensgewebe der riesigen Biosphäre, welche dadurch selbst das sie alle tragende, unteilbare Individuum darstellt. Jene mikroskopische Lebewelt in allen Meeren und Landschaften der Erde ist an Biomasse nicht nur größer als alle auf ihr lebenden makroskopischen Organismen zusammen, sondern es leistet den alles übertreffenden Stoffumsatz, also den Stoffwechsel, zur fortwährenden Regeneration der lebensfördernden Wasserhülle und Lufthülle der Erde.

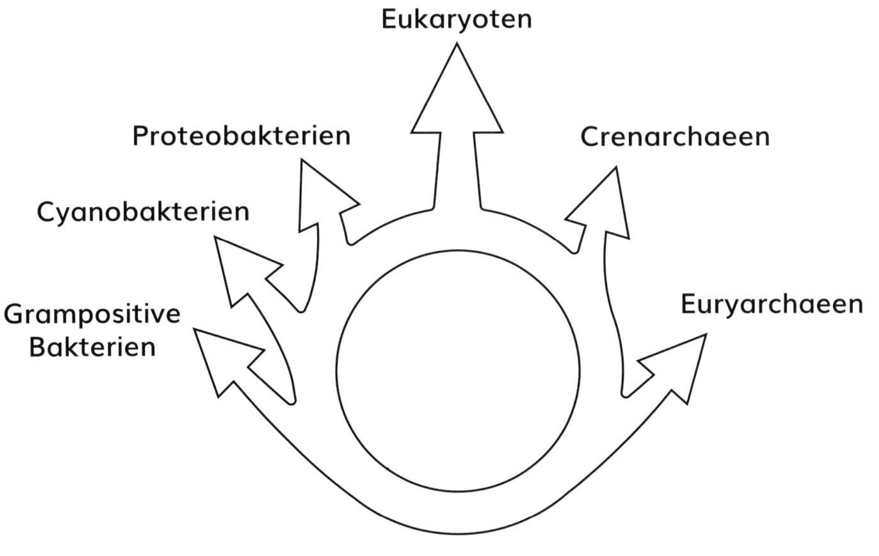

Abb. 57: Aus der frühesten Biosphäre der Erde, wie sie uns noch heute umgibt: Der genetische Ringstrom des unbegrenzten Erbaustauschs unter allen Bakterien und Viren, dem gemeinsamen Biom der Erde. Aus ihm haben sich stufenweise durch genetische Abgrenzungen einzelne Bakteriengruppen isoliert und durch wahlweisen Zusammenschluss alle höheren, zellkernhaltigen Zellen (Eukaryoten) und daraus die Mehrzeller durch Symbiose gebildet.

Die Erde hat also ihr eigenes, gewaltiges mikroskopisches „Biom" ebenso, wie auf ihr jeder sichtbare Einzelorganismus sein eigenes Mikrobiom aus symbiontischen Viren, Bakterien und Einzellern an und in sich trägt. Diese Mikrobiome gehen nahtlos in das der Gesamterde über. Ja, von diesem stammen letztlich auch alle höheren Zellen und damit alle makroskopisch sichtbaren Mehrzeller – Pflanzen, Tiere, Menschen – ab (Mölling 2015). Aber nicht nur zeitlich, sondern räumlich hängen wir noch heute über die eigenen Mikrobiome an dem Mikrobiom der ganzen Erde wie an unsichtbaren evolutiven Nabelschnüren. Für alle Einzelorganismen ist die Erde biologisch durch ihre Biosphäre tatsächlich unser aller „Mutter Erde".

Blicken wir daraufhin auf den Menschen mit wenigen Zahlen. Der menschliche Organismus besteht in abgerundeten Mittelwerten aus 3 Billionen (= 3×10^{12}) zellkernhaltigen Körperzellen. Seine zellkernlosen roten Blutkörperchen (ursprünglich kernhaltig) machen in etwa knapp ebenso viele aus. Sein lebensförderlicher, gesunder Bakterienbesatz ist sogar noch 10 mal größer, beträgt also ca. 30 Billionen (= 3×10^{13}) Einzelbakterien auf der Haut, den inneren Schleimhäuten und insbesondere im Dickdarm zur Unterstützung der Nachverdauung (Rötzer 2016). Sie alle trainieren zugleich unser Immunsystem gegen Fremdbakterien und Viren.

Von dem ältesten, ursprünglich genetischen Ringstrom der Viren und Bakterien haben sich die Mehrzeller durch zunehmende Aufrichtung von genetischen Fortpflanzungsschranken partiell abgelöst und so auch untereinander zunehmend abgeschottet. (Abb. 57) Diese emanzipatorische Autonomisierung gegenüber dem Erdorganismus ist natürlich nur eine relative, aber doch eine solche, die im Verlauf der Erdgeschichte immer mehr zugenommen hat. So auch ihr makrokosmischer Anblick. Die Pflanzen sind auf jenem zumeist noch festgewachsen, die Tiere zumeist nicht mehr, sondern selbstständig beweglich. Die Ernährungsorgane, bei den Pflanzen die oberflächenreichen, nach außen gestreckten Blätter, sind bei den Tieren in ihre eigene leibliche Innenwelt verlegt. So bei den Lurchen auch die Atmungsoberflächen nach innen als die Lungen. Ab den Kriechtieren entwickeln sich die höheren Tiere unabhängig vom äußeren Wasser in selbstgebildeten wassergefüllten Fruchtblasen, dem Amnion. Die Vögel haben sich zusätzlich durch Eigenwärme vom äußeren

Temperaturwechsel unabhängig gemacht. Die höchststehenden Tiere haben dieser bisherigen Biologie der Befreiung von der umgebenden Landschaft auch noch die Verinnerlichung der Embryonalentwicklung in den Mutterleib hinein hinzugefügt. Diese weitreichende evolutive Absetzbewegung von der Mutter Erde kulminiert im Menschen mit seiner durchgängigen Aufrichtung, der Universalität seiner Hände, dem potenzreichen großen Großhirn und dem stabilsten Wärme- und Immunsystem. Die Fortsetzung davon ist die Erfindung technischer Hilfsmittel zur weiteren biologischen Befreiung, sodass er jetzt sich im Raumanzug physisch sogar von der Erde zeitweise ablösen und im Weltraum hin- und zurückschweben kann (Abb. 58).

Diese maximale Entfremdung des Menschen von der Mutter Erde ist seit neuestem zur größten Gefahr für sie selbst geworden. Es gibt inzwischen keine Stelle der Erde, die nicht technologisch verschmutzt worden ist. Selbst über beiden Polen befinden sich so die Ozonlöcher, und das schwer radioaktiv verseuchte Löschwasser von Fukushima, in den Pazifik geleitet, verteilt sich auf die Weltmeere. Aber wer denkt überhaupt noch an das 1986 von Tschernobyl in die Erdatmosphäre ausgestoßene radioaktive Cäsium 137? Es hat den natürlichen Strahlenpegel weltweit erhöht, und es wird insgesamt 200 Jahre brauchen, also noch 166 Jahre - mehr als die 5 nächsten Generationen -, bevor es endgültig verstrahlt sein wird (Schad 1986, 2013). Ganz zu schweigen von der Dauerbelastung des erstmals im 20. Jahrhundert von der Menschheit erzeugten Plutoniums, des schlimmsten Giftes für die Biosphäre, das in Zukunft 200 000 Jahre (!) braucht, um zu 1% zu zerfallen. Das ist in etwa die Zeit zurück in die Vergangenheit, als die jetzige Menschheit, der Homo sapiens, aus den präsapienten Urmenschen entstanden war.

Dagegen hilft sich die Spaßgesellschaft durch Verdrängung mit Hilfe der Unterhaltungs- und Freizeitindustrie. Wir sind mittels der Medien durch die täglichen Horrormeldungen („only bad news are good news“) dazu gut durchtrainiert, gepolstert sitzend, nichts dagegen zu machen. Aber das Ausmaß der technologischen Verschmutzung und Zerstörung des Erdballs bis hin zu dem massenhaften Raketenschrott, der inzwischen in seiner Exosphäre kreist, sich klarzumachen, hält man im Durchschnitt nicht aus, denn dann kann man ja nicht mehr in Ruhe durchschlafen.

Abb. 58: Captain Bruce McCandless II, USA, über dem blauen Planeten Erde beim ersten je durchgeführten Außenbordeinsatz ohne Sicherungsleine, aufgenommen aus der *Challenger 4* im Februar 1984 (NASA).

Aber die globale kollektive Verdrängung hat gesellschaftlich auch ihre Psychosomatik. Die Zahlen neurologischer und damit psychiatrischer Erkrankungen steigen kontinuierlich. Die Psychiatrie hat heute gottseidank verlässlich wirksame psychotrope Medikamente zur Verfügung, aber angesichts der globalen Lage sind sie Symptombehandlung, keine psychosomatisch gesellschaftlich wirksame Ursachenbehandlung, und die besteht als erste Stufe in einer Aufklärung. Daher dieses Buch.

Die Welt mikroskopischen Lebens als der biologisch heute noch bestehende Hauptanteil der Biosphäre der Erde ist übrigens an physiologischer, nämlich biochemischer und genetischer Dynamik den sichtbaren mehrzelligen Einzelorganismen weit überlegen. Erdölverschmutzte Meeresküsten werden mit der Zeit von entsprechend mutierten Bakterien biologisch gesäubert. Jeder Kläranlagenbetreiber achtet auf die vielfältige Zusammensetzung seiner Bakterienkulturen. Und auch viele Viren sind zumeist, wie wir seit kurzem wissen, kein Gift, müssten also umbenannt werden, sondern sind sogar in das Erbgut auch aller uns sichtbaren Organismen längst fortschrittlich eingebaut – einschließlich des Menschen (Hardtmuth 2019, Kegel 2015, Mölling 2015). Schon unsere äußeren und inneren Leibesoberflächen, Haut, Mundschleimhaut, Magenschleimhaut, Darm- und Scheidenschleimhaut sind jeweils von spezifischen Bakterien reich besiedelt, und ihr Chemismus hält uns regelrecht gesund. Ein großer Teil der in den Zellkernen unserer eucyten Leibeszellen vorhandenen Gene stammt evolutiv von eingewanderter Viren-RNA (Hardtmuth 2019: 137). Nur ein kleiner Anteil der Viren- und Bakterienwelt befällt uns bei Immunschwäche krankmachend.

Nun kennt die Immunologie inzwischen auch das Kapitel der Psycho-Immunologie. Unsere immunologische Gesundheit hängt direkt auch von unserer jeweiligen seelischen Gesundheit ab, wie es jeder erfahrene Arzt kennt. Sowohl bei den bakteriellen wie bei den viralen Infekten kann es zu Erkrankungen weniger Einzelner als auch ganzer Gesellschaftsgruppen, also zu Epidemien, und sogar zu viele Länder über die ganze Erde hin umfassenden Pandemien kommen. Gibt es dafür auch psychosomatische Ursachen? Dafür führte Steiner in dem schon genannten Vortrag von 1907 die Hunnenangst weiter Teile Europas im 5. Jahrhundert an, der im 14./15.

Jahrhundert die Pestepidemien in Süd- und Mitteleuropa folgten. Hier fand wohl die Somatisierung seelischer Epidemien im reinkarnativen Abstand statt.

Aber solche Vorgänge beschleunigen sich offenbar. Denn „was früher z.B. in 100 Jahren geschieht, braucht heute nur 10 Jahre" (GA 97, S. 166, 271 ff; 106; 116). Solche Akzeleration macht geschichtlich bekanntermaßen gerade die Moderne am meisten aus. Steiner stellte 1907 insbesondere die psychische Epidemie der Lügenhaftigkeit heraus, die sich in Krankheitsepidemien physisch niederschlüge (GA 99). Lügen sind geistiger Mord, denn sie zerstören die astrale Atmosphäre und verhindern, dass der Mensch sich selbst schonungslos erkennt und dadurch seine spirituelle Verantwortung wahrzunehmen beginnt. Damit haben wir es derzeit pandemisch über die ganze Erde hin zu tun. Die Täuschungslust und Lügenverbreitung ist technisch so effizient und, global, so akzeptabel geworden, dass nun ein grippeartiger Virus so gefährlich mutiert und weitermutiert, dass zum Überleben vieler Menschen große Teile des Wirtschafts-, Staats- und Kulturlebens stillgelegt werden mussten. Die Menschheit hat rund um den Globus eine solche emotionale Verschmutzung vollzogen, dass sich nicht nur die Erde als Lebewesen, sondern die Erdseele selber dagegen mit ihren Mitteln wehrt. Wir kommen bei der Analyse mit unserem Verstand und seinem Dualismus aus. Für die Synthese benötigen wir nun anschließend ebenso als notwendige Ergänzung die höhere Vernunft, einen selbstgeleisteten Monismus, der die Zusammengehörigkeit des Zerstreuten wiederherstellt. Sonst verhackstücken wir nur die Welt.

Ein Vorläufer war schon ab 1980 Aids, die HIV-Virusseuche, jene erste, gegen die man nicht mehr direkt impfen konnte, weil der Virus dabei die Immunzellen selbst besetzt. 2002 kam die Grippewelle mit dem Sars-CoV-Virus, als erste Corona-Virus-Pandemie, dazu. Und nun, wo zum Machterhalt, zur Wahrung des Gesichts, zur Maximierung des Gewinns hemmungsloser gelogen wird als je zuvor, hat sich der Sars-CoV2-Virus als COVID-19 zur Pandemie weltweit ausgeweitet. Die Liste bekannter Fake News, verkleidet als „Alternative Facts", ist beliebig lang, und sie setzt sich in der Schaffung der Cyberwelt neben der faktischen Realität massiv fort zur allgemein drohenden Weltentfremdung.

Der positive Erfolg der Einschränkung des normalen Lebens war so unerwartet wie groß. Am blauen Himmel sah man kaum noch Kondensstreifen. Weltweit war der Flugverkehr zusammengebrochen. Die Lufthansa hatte zeitweise mehr als 90% ihrer Flugzeuge stillgelegt. Das Dauerrauschen der Autobahnen war schlagartig leiser geworden. Die Erdatmosphäre konnte wieder durchatmen. Was alle Politiker der Welt nicht fertiggebracht haben, das Pariser Klimaabkommen einzuhalten, Corona hat geholfen, es besser zu schaffen. Der Ferntourismus war gestoppt, die Menschen blieben zu Hause und kamen zur Ruhe. Das Rennen im eigenen Hamsterrad setzte aus. Die Spaßgesellschaft mit ihren Massenveranstaltungen ebenso. Die Vögel hatten wieder freiere Bahn. Der Mensch tauchte aus seiner Cyberwelt auf und hörte ihnen plötzlich wieder aufmerksamer zu.

Bei Krankheiten sind Schmerzen eine Selbsthilfe des Organismus, seinen Besitzer darauf aufmerksam zu machen, dass er zu seinen eigenen Gunsten besser auf seine eigene leibliche Natur aufzupassen und Gesundheitsvorsorge zu betreiben hat. Das geschieht plötzlich global durch die sehr viel gefährlicher gewordenen Grippeepidemien alias Pandemien.

Jeder Mensch kommt normalerweise nach seiner Kindheit in die soviel risikoreichere Pubertät und lebt nunmehr oft gegen seine eigene Gesundheit. Lässt er diesen Übergang dann auch hinter sich, so erscheinen die ersten Mündigkeitskennzeichen. Das müssen nun ganze Gesellschaften und dann die ganze Menschheit ebenso fertigbekommen. Der Berliner Kulturphilosoph Bernd Scherer hat gerade mit prägnanter Analyse dazu aufgerufen (Scherer 2020).

Die emanzipatorischen Freiheiten, die „Freiheit – von", haben ja nur als Vorübung Sinn, um zur „Freiheit – für" zu kommen. Praktische Geomedizin ist das Kennzeichen von Sozialfähigkeit zu allem auf der Erde und damit auch von unserer gesamtgesellschaftlichen Mündigkeit.

Das religiöse Bedürfnis der meisten Menschen ist eine echte Hilfe dafür. Nur, wie bei jeder Tugend gibt es auch hier die Gefahr, dass sie zu Fehlern entgleisen kann. Ein solcher ist, dass sie den Menschen so an sich bindet, dass er erdenflüchtig wird. Das gerade ist ja letztlich die geschichtliche Ursache für die habituell gewordene Missachtung der Mission der Erde. In der Gottessohnschaft Christi aber liegt, diese zu gottfern werdende Erde selbst anzunehmen, sich mit ihr an ihrer tiefsten

Stelle zu verbinden, dort in einen sterblichen Menschenleib selbst einzuziehen und beim Abendmahl sogar Pflanzensubstanzen zum eigenen Leib und zum eigenen Blut zu machen. Es ist sein freier Entschluss gewesen, den menschlichen Tod, den Leibestod, in einer extrem schmerzhaften Art und Weise durchzumachen. Schon im Voraus war er entschlossen, die „drei Tage und drei Nächte", vom Abendmahl bis zur Auferstehung, „*in corde terrae*" = „im Herzen der Erde" zu sein (Matth. 12;40) (Abb. 59).

In der Frühe des ersten Ostermorgens war es eine Frau, Maria Magdalena, die geheilte große Sünderin, welche als erster Mensch den Auferstandenen wahrnahm. Sie erkannte ihn zuerst gar nicht, sondern sah einen Gärtner in ihm: das Urbild der Pflege alles Lebens auf der Erde (Joh. 20:15).

Vor dem letzten Gang nach Jerusalem fand auf dem Berg Tabor bei Nazareth, der Kindheitsstadt Jesu, die Verklärung statt. Dann wanderte er mit den Zwölfen bis an die nördlichste Grenze des frühlingshaften Galiläalandes bis zum Fuß des höchsten, winters schnee- und eisbedeckten Gebirges des Heiligen Landes, des Hermon bei Cäsarea Philippi, und begann dort, die Jünger auf seine bevorstehende Passion vorzubereiten. Petrus, in seiner impulsiven Art der Liebe zu ihm,

fuhr ihn an und sprach: Herr, schone deiner, dass dir das nicht geschieht.
Er aber wandte sich um und sprach zu Petrus:
Hebe dich hinweg, Satan, von mir. Du bist mir ein Ärger,
denn du meinst nicht, was göttlich, sondern was menschlich ist.

(Matth. 16;22)

Das war das Neue, dass ein Gott die schmerzhaftesten Erdenerfahrungen anzunehmen als göttlich bezeichnete. Bisher versprachen die Religionen, in der Zuwendung zu Gott wieder zurück ins einst verlorene Paradies zu gelangen: in die ursprüngliche Gotteswelt. Daher ja die Vorsilbe „Re" für die „Religionen". In der Zeitenwende wendete sich die Aufgabe des Menschseins: Seitdem und künftig geht es darum, das Irdisch-Allzuirdische ins Geistig-Göttliche geheilt mitzunehmen. Man müsste demnach besser diese Zukunft betonen und von „Proligion" sprechen, wie es der Schriftsteller Hans Erich Nossack (1901 - 1977) vorgeschlagen hat.

Schon Paulus hat versucht, etwas davon ins Wort zu bringen:

> *Denn das ängstliche Harren der Kreatur wartet*
> *auf die Erlösung durch die Söhne Gottes.* (Römer 8;19)

Die Natur wartet selbst auf die mündig werdende Menschheit.

Wie sieht es im Leben damit aus? Kein Menschenleben reicht dafür hin, auch bei besten Vorsätzen und allem Einsatz nicht. Wie gehen wir mit unseren vergeblich gebliebenen Hoffnungen um? Wir geben sie selbst bis zum Tode nicht auf. Denn davon lebt das Wollen. So sagte der willensstarke Luther: „Wenn morgen die Welt unterginge, würde ich heute noch ein Apfelbäumchen pflanzen." Und so Friedrich Schiller in seinem Gedicht *Hoffnung*: „Noch am Grabe pflanzt er die Hoffnung auf."

Steiner schloss an diese Willenskraft in jedem Menschen an, indem er in seiner Menschenkunde damals davon gesprochen hat, dass die unerfüllbar gewesenen echten Willensvornahmen es am meisten sind, die den Menschen nach seinem Tode geistig aufleben lassen (GA 293, 4. Vortrag). Nach der geistigen Verarbeitung des letzten Lebens drängt es uns dazu, der Erde nicht untreu zu werden, sondern bei ihrer erhofften Genesung viele weitere Male zu helfen. Diese Erweiterung des überlieferten Christentums hin zu einem unbegrenzt zukunftsoffenen, künftigen christlichen Verständnis wiederholter Erdenleben leuchtete in den letzten 2000 Jahren immer schon auf. Wir erinnern uns hier beispielhaft an:

Origenes (185 - 254),	van Helmont (1614 - 1698),
die Katharer (~1050 - ~1250),	Leibniz (1646 - 1716),
Plethon (1355 - 1452),	Lessing (1729 - 1781),
della Mirandola (1463 - 1494),	Fichte (1737 - 1812),
Zwingli (1484 - 1531),	Hegel (1770 - 1831)
Bruno (1548 - 1600),	Goethe (1749 - 1832),
Gerhard, J. (1582 - 1637),	Steiner (1861 - 1925).

Lessing und Goethe verdankten diesen Ansatz ihrer Berührung mit dem Rosenkreuzertum. Ausführliche Darstellungen der weiten Verbreitung des Reinkarnationsverständnisses in Europa finden sich bei Emil Bock (1931), Ernst Benz (1957) und Helmut Obst (2009). Nach Letzterem sind derzeit über 30 % der Bevölkerung Westeuropas und Nordamerikas davon überzeugt. Dabei erfährt das Verständnis von der Reinkarnation, wie sie sich in allen vorchristlichen Religionen wie selbstverständlich vorfindet, selbst eine Wandlung: Etwa um die Zeit der Zeitenwende hat die buddhistische Unterweisung, sich auf dem achtgliedrigen Pfad von allen doch nur leidvollen Inkarnationen zu lösen, eine Weiterentwicklung im Mahayana-Buddhismus erfahren. Das Ziel ist jetzt nicht mehr nur, sich so lange zu reinkarnieren, bis man es nicht mehr muss, sondern in selbstlosem Entschluss die Erdenleben umso mehr anzunehmen, bis alle Mitgeschöpfe miterlöst sind (Heiler 1999: 190f.).

Es kommt dabei nicht auf die Erdensprachen an, in denen wir sprechen, sondern der Heilende kann in jeder anderen Sprache auch anders genannt werden, wenn wir von Christus sprechen. Allein in diesem Sinne ist hier von Christus als dem Geist der gesamten Erde zu sprechen versucht worden.

Damit ist die Erde ein physischer Planet, ein planetarisches Lebewesen, ein beseelter Organismus und ein von einem Gotteswesen angenommener Stern. Was wir also brauchen, um die Erde zu verstehen, zu lieben und ihr praktisch ursachenwirksam helfen zu können, ist nicht nur eine Psychosomatik von ihr, die aber doch noch dabei das Leben und den Geist von ihr leicht vergisst, sondern eine Pneumato-Psycho-Bio-Somatik. Die Erde ist durch die göttliche Annahme erst zu einem viergliedrigen Wesen wie nun auch jeder Mensch geworden. Ohne sie können wir schon natürlicherweise leiblich und biologisch, aber eben auch seelisch und geistig nicht dauerhaft nachhaltig Mensch sein, weil sie selbst uns nun das Menschsein planetarisch vorlebt und sie andererseits ohne die volle Zuwendung der Menschheit auch nicht wird existieren können.

Als in Berlin am 21.05.1821 das von Karl Friedrich Schinkel (1781-1841) neu entworfene Berliner Schauspielhaus eingeweiht wurde, hatte man Goethe gebeten, für die Eröffnung einen Prolog beizusteuern. Der 72-Jährige dichtete zum einen mit einem Blick in die homerische Welt der Antike, in welcher der Mensch dem von den Göttern vorgegebenen Schicksal nicht entrinnen konnte, dann mit dem Blick auf das Mittelalter, dessen Kreuzzugsheere mit all ihrer Glaubensstärke fruchtlose Kriege führten, und fuhr dann fort mit dem Blick auf die Zeitenwende in der Mitte zwischen beiden Epochen:

Abb. 59: Salvator Mundi von Marco d' Oggiono (1475-1530). Er trägt die Erde als Erdkugel, die er segnend in der Hand hält, die aber noch die damals nur unvollständig bekannten Kontinente wiedergibt. Rom, Galleria Borghese (Wikicommons).

Nun aber zwischen beiden liegt, so zart,
Ein Mittelglied von eigner holder Art.
Schicksal und Glauben finden keinen Teil,
In reiner Brust allein ruht alles Heil:
Denn immerfort, bei allem was geschah,
Blieb uns ein Gott im Innersten so nah;
Wo Erd' und Himmel sich im Gruße segnen,
Dem Staunenden als Herrlichstes begegnen.

(WA I, 13.1., S. 117, Weimar 1894)

Ausleitung

Mancher Leser wird als Zeitgenosse bemerkt haben, dass er im Lesen auf den gelegentlichen Einbezug Goethes gern allergisch reagiert hat – wenigstens spätestens nach seiner Schulzeit. Denn er stand oder steht gegebenenfalls in einer polaren geschichtlichen Sozialisierung.

Nach der deutschen Katastrophe des zweiten Weltkrieges war der kulturelle und zivilisatorische Sündenfall Mitteleuropas so groß, dass die Westdeutschen von allen Westeuropäern die verlässlichsten Verbündeten der Vereinigten Staaten und die Ostdeutschen von allen Osteuropäern zeitweise die verlässlichsten Verbündeten Moskaus wurden. So die deutsche Gründlichkeit auf beiden Seiten. Hatten doch beide Siegermächte die Deutschen von dem schlimmsten Chauvinismus befreit, und schickten sich bald beide – so verschieden sie waren – an, jenen die hohe Erneuerung der Humanität in deren Klassik abzugewöhnen.

Es gehört andererseits zum eigentümlichen Nationalcharakter des Deutschen, zu leicht zu entgleisen, wenn er nationalistisch wird. Gerade das war den Weimarer Klassikern deutlich:

Deutscher Nationalcharakter
Zur Nation euch zu bilden, ihr hofft es, Deutsche, vergebens;
Bildet, ihr könnt es, dafür freier zu Menschen euch aus!

(Goethe und Schiller gemeinsam 1796, Xenien)

Goethe schauderte es vor den Jenaer und Berliner studentischen, deutsch nationalen Freiheitskämpfern gegen Napoleon, obgleich er beim Einbruch von dessen Soldaten in sein Haus um sein Leben bangte. Gute Literatur war ihm keine Nationalliteratur, sondern gehörte für ihn, gleich aus welchem Kulturkreis, zur Weltliteratur - ein Wort, dass er der deutschen Sprache erstmals einverleibte (Meinecke, 1908).

Dann kam das deutsche Gymnasium, das Schillers „Glocke“ und Goethes „Faust“ – liebevoll gemeint – zum Prüfungsstoff der Versetzungen und des Abiturs degradierte und damit Schülergenerationen allergisierte. Denn das Wertvolle, wenn der sozialdarwinistischen Geistesselektion unterworfen, wird dadurch oft ins Gegenteil umschlagen.

Die Hochblüte des Hochmittelalters fand statt, als das christliche Europa im offenen Austausch vieler Nationen von Skandinavien bis Sizilien stand. Die Blüte der Früh- und Hochklassik entwickelte sich, als Deutschland ein Flickenteppich von vielen Kleinststaaten mit völlig durchlässigen Grenzen war.

Wir sprechen heute als Hochdeutsch de facto die Sprache Goethes. Man mache nur die Probe darauf. Wir haben nicht die originale Sprechweise von Luther, der Barockzeit, nicht einmal die hinreißende Sprache Schillers, nicht die der Biedermeierzeit und des 2. Kaiserreiches. Der Germanist Hermann Grimm (1828-1901), (Sohn Wilhelm Grimms, der einer der beiden bekannten Gebrüder Grimm gewesen war), hatte direkten Umgang mit dem Goethe-Schiller-National-Archiv in Weimar gehabt und aus Kenntnis davon gesprochen, dass die Saat Goethes, dieses empathiefähigen Naturwissenschaftlers und schöpferischen Sprachverdichters mit seiner überkonfessionellen Erdenfrömmigkeit, durch tausend Jahre hindurch aufgehen wird. Seine Humanität umfasst so auch die Erde und ihre Heilung, wenn seine Saat wieder entdeckt wird.

Literaturverzeichnis

Abouleish, I.: Die Sekem-Vision. Eine Begegnung von Orient und Okzident verändert Ägypten. S. 34 - 37. (Joh. Mayer) Stuttgart 2004.

Anderl, S.: Glück gehabt. Frankfurter Allgemeine Zeitung Nr. 105, S.N.1, 6.5.2020.

Anderson, D. L.: In Science 223 : 347. 1984.

Angelus Silesius: Geistliche Sinn- und Spruchreime. Breslau 1657. Cherubinischer Wandersmann. Breslau 1675. In: Der Himmel ist in dir. (Benzinger) Zürich, Düsseldorf 1997.

Aristoteles: Physik, Buch IV, Kap. 10. In dito: Philosophische Schriften Bd. 6, S. 102 ff. (F.Meiner) Hamburg 1995

Augustinus, A.: Bekenntnisse (Confessiones). S 312 - 319. (Artemis) Zürich, Stuttgart 1950.

Bargatzky, W.: Das Universum lebt. (Econ) Düsseldorf/Wien 1978. (Heyne) München 1980.

Barrow, J. D. und Tipler, F. J.: The Anthropic Cosmological Principle. (Oxford University Press) New York 1986.

Baumgardt, C.: Johannes Kepler. Leben und Briefe. S. 103 f, 114 f.. (Limes) Wiesbaden 1953

Bechtle, W.: Das Tessin. Reiseführer für Naturfreunde. S. 8. (Franckh) Stuttgart 1975.

Benz, E.: Reinkarnation. Die Lehre von der Seelenwanderung in der philosophischen und religiösen Diskussion heute. Zeitschrift für Religions- und Geistesgeschichte. Sonderheft, H.2, 1957.

Bock, E.: Die Eigenart des Johannesevangeliums. Manuskriptdruck: Das Johannesevangelium, Dez. 1933. Buchdruck in dito: Das Evangelium. Betrachtungen zum Neuen Testament. (Urachhaus) Stuttgart 19841, 20092; S 744 ff.

– Wiederholte Erdenleben. Die Wiederverkörperungsidee in der deutschen Geistesgeschichte (1932). (Urachhaus) Stuttgart 19756.

– Reisetagebücher – Italien, Griechenland, Palästina. (Urachhaus) Stuttgart 19351, 19602, 19863

Boff, L.: Kleine Trinitätslehre. S. 120/121. (Patmos) Düsseldorf 19901, 19912.

Bosse, D.: Phänomenologischer Geologieunterricht in der Oberstufe. In: Göpfert, C.: Das lebendige Wesen der Erde, S. 126. Verlag Freies Geistesleben, Stuttgart 1999.

Bouillanne, B.: Junge Strahler aus Chamonix. In: Weise, Ch.: Mont Blanc. Extra Lapis 59, (Christian Weise Verlag) München 2020, S. 41.

Brugger, W. u. Molodovsky, N.: Urschalling. S 10 f.. (Pannonia) Freilassing 1972.

Brunet, M. et al.: A new hominid from the Upper Miocene of Chad, Central Africa. Nature 418: 145 - 151; 11.7.2002.

Bruno, G.: De l'infinito universo e mondi. 1584.

Bühler, W.: Moralisches Naturerleben als Aufgabe der Geistesschülerschaft. Mitteilungen aus der Anthroposophischen Gesellschaft in Deutschland Jg. 27, H. 1, Nr. 103. Ostern 1973.

BUNTE Illustrierte "Die Bilder des Jahrhunderts", Nr. 33, S. 36-49. Offenburg 13.8.1969.

Carter, B.: Large number Coincidences and the Anthropic Principle in Cosmology. In: International Astronomical Union Symposium, Vol. 63. 1974.

Chaillu, P. du: L' Afrique sauvage. Paris 1868.

Churchill, W.: My African Journey. (Hedder & Stroughton) London 1908. Dito: My Early Years.

Copei, F.: Der fruchtbare Moment im Bildungsprozess, S. 29. (Quelle&Meyer) Heidelberg, 1960.

Credner, H.: Elemente der Gorlogie, S. 545. Leipzig 1891.

Crottet, R.: Verzauberte Wälder. Geschichten und Legenden aus Lappland. S. 10, 18, 399 - 410. (Nymphenburger V.) München 1976.

Dehmel, R.: Diercke Weltatlas, S. 72/73 und 108/109. (Westermann) Braunschweig 1957.

Dixon, D. (Red.): Die Erde. Meere, Klima, Kontinente, S. 26. (Bertelsmann) München 1984.

Duboule, D.: Time For Chronics? Editorial in: Science 301:2, 277; 18.7.2003.

Eckermann, J.P.: Gespräche mit Goethe in den letzten Tagen seines Lebens. 1. Teil: 11.4.1827, S. 242 f.. (Buchclub ex libri) Zürich. o.J..

Erenz, B., Staus, C., u. Ullrich, V.: Der Dreißigjährige Krieg. Eine deutsche Tragödie 1618 - 1648. Die Zeitgeschichte Nr. 5. Hamburg 2012.

Falk, J.D.: Goethe aus näherem persönlichen Umgang dargestellt. Leipzig 1932.

Fichte, J.G.: Über die Bestimmung des Gelehrten. 1794.

Forst, D. et. al.: Dynamic history of the inner core constrained by seismic anisotropy

in Nature Geoscience, 03.06.2021 (www.nature.com/articles/s41561-021-00761-w)

Freud, S.: Eine Schwierigkeit der Psychoanalyse (1917). Gesammelte Werke Bd. 12, S. 3 - 14. (S. Fischer) Frankfurt/M. 20067.

Frieling, R.: Studien zum Alten Testament. S. 160 - 164. (Urachhaus) Stuttgart 1983.

Fröba. St. und Wassermann, A.: Die bedeutendsten Mathematiker, S. 55 und 57. Marix Verlag, Wiesbaden 2007

GA siehe Steiner, R.

Gale, G. in: Scientific American Dezember 1981. Deutsche Übersetzung: Das anthropische Prinzip: Kein Universum ohne Mensch. Spektrum der Wissenschaft, Febr. 1982, S. 90 – 100.

Göpfert, C.: Das lebendige Wesen der Erde. Zum Geographieunterricht der Oberstufe. (Freies Geistesleben) Stuttgart 1999.

Goethe, J. W.: Maximen und Reflexionen Nr. 575. Ebenso in: Wilhelm Meisters Wanderjahre, 2. Buch: Betrachtungen im Sinne der Wanderer.

– (1813): Siehe Falk, J.D. 1832.

Goethes Briefe: Band 4, S. 223 (C. Wegener) Hamburg 1967

Goldberger, A. L.: In Die Zeit, Hamburg 24.2.1989. Siehe Kleiger, R.E. et. al.: Decreased heart rate variability and its association with acute myocardial infarction. American Journal of Cardiology 59: 256 - 262. 1987.

Goldmann, E. u. Z. u. Wimmer, H.: Israel. Legende, Geschichte, Gegenwart. (Bucher) München 1981.

Grohmann, G.: Die Pflanze als dreigliedriges Wesen in ihren Wechselbeziehungen zu Erde und Mensch. S. 41. (Orient-Occident V.) Stuttgart, Den Haag, London 1929. Neuester Wiederabdruck in: Die Pflanze - ein Weg zum Verständnis ihres Wesens. S. 96. (Salumed V.) Berlin 2013.

Gusinde, M.: Die Kongo-Pygmäen in Geschichte und Gegenwart. S 311. Nova Acta Leopoldina, N.F., Bd. 11, Nr. 76, S. 311. Halle/Saale 1942.

– Pygmäen. In Haber, H. (Hrg.): Naturvölker in unserer Zeit. S. 69. (Deutsche Verlags-Anstalt) Stuttgart 1971.

Haefke, F.: Atlas zur Erd- und Länderkunde, S. 60. (VEB H. Haagk) Gotha 1957.

Hardtmuth, T.: Die Rollen der Viren in Evolution und Medizin – Versuch einer systemischen Perspektive. Jahrbuch für Goetheanismus, S. 125 – 182, 2019.

Hawking, Stephen W.: Eine kurze Geschichte der Zeit. Reinbek 1988.

Heeger, T.: Quallen. Gefährliche Schönheiten, S. 28. WVG Stuttgart 1998.

Hegel, G. W.: Eleusis. 1796.

Heiler, F.: Die Religionen der Menschheit. S. 190 f.. (Reclam) Stuttgart, 1959[1], 1999[6].

Hemleben, J.: Kepler, S. 93-95. (rororo) Reinbek / Hamburg 1971.

Henbest, N. und Couper, H.: Die Milchstraße. (Birkhauser) Basel, Boston, Berlin 1996.

Herbart, J.-Fr.: Allgemeine Pädagogik. 3. Buch, Kap. 4, 1806.

Herder, Hermann, J: dtv-Atlas zur Astronomie. (dtv) München 1973.

Hermann, A.: Werner Heisenberg. S. 32. (Rowohlt) Reinbek / Hamburg 1976.

Herzfeld, M.: Leonardo da Vinci, der Denker, Forscher und Poet. S. 61. Jena 1906.

Hildebrandt, G.: siehe Roßlenbroich, B. 1994.

Hohl, R.: Die Entwicklungsgeschichte der Erde, S. 271. VEB Brockhaus Leipzig 19805.

Howald-Haller, M.: Die Gestalt der Erde. Sternkalender 1958/59. Dornach 1957.

Humboldt, A. von: Ideen zu einer Geographie der Pflanzen. 1805-1807.

Jakob, F. E. und Stalder, H. A.: Mineralien aus den Schweizer Alpen (Lexi-Bildband-Verlag) Vevey / Schweiz 1966

Kant, I.: Anthropologie in pragmatischer Hinsicht. Königsberg 1798.

Kegel, B.: Die Herrscher der Welt. Wie Mikroben unser Leben bestimmen. (Dumont) Köln 2015.

Kelley, K.W.: Der Heimat-Planet, Abb. 22. (Zweitausendeins) Frankfurt a. M. 1989.

Kepler, J.: Weltharmonik (Harmonices mundi, Lib. 1–5). Übersetzt von Max Caspar. S. 261. München 1973.

Kipp, F.A.: Mündliche Mittelung an den Autor.

– Das Wasser als Zeuge für die Priorität des Lebendigen. Sternenkalender 1952, S. 66 - 73. Dornach 1951.

Kochav, S.: Israel. Das Heilige Land, S. 134. (White Star) Vercelli, Italien 1995.

König, M. und Binnewies, S.: Bildatlas der Galaxien. (Kosmos) Stuttgart 2016.

Kohl-Larsen, L.: Auf den Spuren des Vormenschen. Bd. 2, S. 249. (Strecker und Schröder) Stuttgart 1943.

Kopernikus, N.: De Revolutionibus Orbium Coelestium, Libri VI. Nürnberg 1543. Deutsch: Berlin 1959.

Krafft, F.: Die bedeutendsten Astronomen. (Marix) Wiesbaden 2007.

Kull, U.: Plattentektonik und Entstehung des Lebens. Naturwissenschaftliche Rundschau 38 (8), S. 344. 1985.

Leier, M.: Weltatlas der Ozeane, S. 56 f. (Frederking & Thaler) München 20073.

Lessing, G.E.: Die Erziehung des Menschengeschlechts. 1780.

– Nathan der Weise. 1779.

Lewontin, R. C.: Anpassung. Spektrum der Wissenschaft H.6, S. 101 - 108. Heidelberg 1979.

Lorenz, K.: ‚Tiere sind Gefühlsmenschen." Konrad Lorenz über Triebstau und moderne Massentierhaltung. Der Spiegel Nr. 47, S. 251 – 264. 1980.

Lovelock, J.: Das Gaia-Prinzip. Die Biographie unseres Planeten. (Artemis & Winkler) Zürich, München 1991. Aus dem Englischen: The Ages of Gaia. A Biography of Our Living Earth. (Norton) New York, London 1988.

– Gaia as Seen Through The Atmosphere. Atmospheric Environment 6, S. 579 f., 1972.

– Gaia: A New Look at Life on Earth. (Oxford Univ. Press) Oxford 1979.

Ludwig, P.H.: Sich selbst erfüllende Prophezeiungen im Alltagsleben. (V. für Angewandte Psychologie) Stuttgart 1991.

Mackowiak, B.: Planeten, Sterne, Universum, S. 57. (Naumann & Göbel Verlagsgesellschaft) Köln, o.J..

Meinecke, F.: Weltbürgertum und Nationalstaat. 1908[1], 1928[7].

Meyer, W.: Das Weltgebäude. Eine allgemeinverständliche Himmelskunde. (Bibliograph. Institut) Leipzig, Wien 1898.

Meyer-Abich, A.: Das typologische Grundgesetz und seine Folgerungen für Phylogenie und Entwicklungsphysiologie. Acta biotheoretica VII, Leiden 1943.

Michael, T.: Diercke Weltatlas, S. 142/143. (Westermann) Braunschweig 20025.

Mölling, K.: Supermacht des Lebens. Reisen in die erstaunliche Welt der Viren. (Beck) München 2015.

Mommsen, K.: Goethe und die arabische Welt. S. 281. (Insel) Frankfurt/Main 19881, 20013.
– Goethe und der Islam. (Insel) Frankfurt/Main, Leipzig 2001.

Morrison, D.: Planetenwelten. Eine Entdeckungsreise durch das Sonnensystem, S. 89 und 97. (Spektrum) Heidelberg 1995.

Neubert, F.: Goethe und sein Kreis. (J. J. Weber) Leipzig 1919, Tafel S. 64.

Newton, I.: Philosophiae naturalis principia mathematica. 1687.

Nigg, W.: Das Buch der Ketzer. S. 218 ff. (Artemis) Zürich 1949.

Nossak, H.E.: Traktat über die Zukunft des Menschen. Merkur 7. 1965.

Obst, H.: Reinkarnation. Weltgeschichte einer Idee. (Beck) München 2009.

Ostwald, W.: Große Männer. S. 302 f. Leipzig 1910.

Panikkar, R.: Der unbekannte Christus im Hinduismus. (M. Grünewald) Mainz 1986.

Pettit, J.-M. u. Beck, C. B.: Archaeosperma arnoldi. A Cupulate Seed From The Upper Devonian of North America. Contributions From The Museum of Palaeontology, University of Michigan 22, S. 139-154. 1968.

Pflug, H.D.: Die Spur des Lebens. S.124, 129-130. (Springer) Berlin, Heidelberg etc. 1984.

Pöppel, E.: Gegenwart - psychologisch gesehen. In Wendorff, R. (Hrsg.): Im Netz der Zeit. S. 11 - 16. (Hirzel, WVG) Stuttgart 1989.
– Grenzen des Bewusstseins. Wie kommen wir zur Zeit und wie entsteht Wirklichkeit. S. 181. Insel tb 2727, Frankfurt/M., Leipzig 1997.

Preuß, W. H.: Geist und Stoff. Erläuterungen des Verhältnisses zwischen Welt und Mensch nach dem Zeugnis der Organismen. Oldenburg 18821, 18992, Stuttgart 19803.

Prinja, R.: Das Universum, S. 67. (WBG) Darmstadt 2004.

Redi, F.: Esperience intorno alla generazione degli insetti. Firenze 1668.

Reimer, T. O., Barghorn, E. S. u. Margulis, L.: Primary productivity in an early Archean microbial ecosystem. Precambrian Res. 9: 93 - 104. 1979.

Reinhold, T. et. al.: The sun is less aktiv than other solar-like stars. Science 368, p. 518-521. 1.5.2020.

Riemeck, R.: Glaube, Dogma, Macht. Geschichte der Konzilien. S. 38, 94 ff.. (Urachhaus) Stuttgart 1985.

Rilke, R.M.: 1. Duineser Elegie. Sämtliche Werke Bd. 1, S. 685. (Insel) Frankfurt/M. 1962.

Ritter, Carl: Allgemeine Erdkunde, S. 19. Berlin 1862.

Ritter, Christiane: Eine Frau erlebt die Polarnacht. (Propyläen V.) Berlin 1938. (Ullstein) Berlin 2013.

Rivera, M. C. u. Lake, J. A.: The Ring of Life Provides Evidence For a Genome Fusion Origin of Eukaryote. Nature 431, S. 152-155, 2004.

Röpke, W.: Die Gesellschaftskrise der Gegenwart. (E. Rentsch V.) Erlenbach - Zürich 19424.

Rötzer, G.: Der Mensch: 30 Billionen Zellen und 39 Billionen Bakterien. (2016 Telepolis, URL https://www.heise.de/tp/features/Der-Mensch-30-Billionen-Zellen-und-39-Billionen-Bakterien-3377757.html (Stand 10.8.2022)

Roßlenbroich, B.: Die rhythmische Organisation des Menschen. Aus der chronobiologischen Forschung. (Freies Geistesleben) Stuttgart 1994.

Rowlands, M.: Der Läufer und der Wolf. (Rogner & Bernhard) Berlin 2014.

Sauermost, R. (Red.): Lexikon der Astronomie, Band 1, S. 59. Spektrum Verlag Heidelberg 1995.

Schad, A.: Der mitteleuropäische Jahreslauf - eine geographische Betrachtung. S. 122 Tycho de

Brahe-Jahrbuch für Goetheanismus. S. 122 - 124. Niefern Öschelbronn 1998.
– Vom Leben unserer Erde. ORT 2022.

Schad, W.: Bergkristalle – Thema mit Variationen. Erziehungskunst Jg. 45, H. 1, S. 5 - 17. 1981 a.

– Sphärische Urgesteine – Kugelgranite. Die Drei 51, Nr. 7/8, S. 478 - 490. 1981 b.

– Die geschichtliche Voraussetzung der Anthroposophie in der Neuzeit. In: Rieche, H. und Schuchhardt, W. (Hrsg.): Zivilisation der Zukunft. Arbeitsfelder der Anthroposophie. S. 21-55. (Urachhaus) Stuttgart 1981 c

– Zur Charakteristik der Radioaktivität und die geschichtliche Dimension von Tschernobyl. Die Drei, Jg. 56, Sonderheft, S. 21–40. Juli 1986.

– Afrika – das Geburtsland der Menschheit. Die Drei Jg.62, H.2, S.100 - 162. Stuttgart 1992.

– Vom Verstehen der Zeit, in: Kniebe, G. (Hrsg.): Was ist Zeit? Die Welt zwischen Wesen und Erscheinung, S. 263. (V. Freies Geistesleben) Stuttgart 1993.

– Urgeschichtliches Palästina. In Suchantke, A. et al.: Mitte der Erde. S. 324 (V. Freies Geistesleben) Stuttgart 19962.

– Das Ich als Du. In: Bind, R. (Hrsg.): Wissenschaft, Kunst und Religion, S. 79-95. (Verlag am Goetheanum) Dornach 1998.

– Afrika – Das Geburtsland der Menschheit. Lebensformen einer menschengemäßen Natur. In: Göpfert, C. (Hrsg.): Das lebendige Wesen der Erde, S. 14-35. Verlag Freies Geistesleben, Stuttgart 1999.

– Evolution durch Retention. Zur Makroevolution der ersten Landpflanzen, der höheren Tiere und des Menschen. In: Heusser, P.: Goethes Beitrag zur Erneuerung der Naturwissenschaften, S. 171-208. (P. Haupt) Bern, Stuttgart, Wien 2000.

– Die Inselberge Ostafrikas. Die Drei Jg. 71, H. 7, S. 33 - 46. 2001.

– Delphis Landschaft. Die Drei Jg. 72, H. 3, S. 34 – 50. 2002.

– Erfahrungen und Vorschläge zum Chemieunterricht in der Waldorfschule. In Schad, W., Scheffler, A. und Wunderlin, U. (Hrg.): Chemie an Waldorfschulen, S. 7-21. Pädagogische Forschungsstelle beim Bund der Freien Waldorfschulen. Stuttgart 2004.

– Goethe und der Islam. Dialog Jg. 4, H. 7 u. 8, S. 47 - 83. Hamburg 2005.

– Der wissenschaftliche Zugang zum Ätherischen, in: Tycho de Brahe-Jahrbuch 2006, S. 82-140. Niefern 2006.

– Erleuchtete Atmosphäre. Die totale Sonnenfinsternis am 29. März 2006. Die Drei, Jg. 76, H. 6, S. 64 - 67. 2006.

– Goethes Weltkultur. (V. Freies Geistesleben). Stuttgart 2007.

– Das Erwachen der Bewusstseinsseele. In Schad, W. (Hrsg.): Evolution als Verständnisprinzip. S. 9 - 51. (V. Freies Geistesleben) Stuttgart 2009.

– Das Menschennächste im Pflanzenreich. Zu Brot und Wein. Die Christengemeinschaft Jg. 84 Nr. 9, S. 10 - 15; Nr. 10, S. 15 - 19. 2012 a.

– Der Entwicklungsgang zur organischen Eigenwärme. In: Der Merkurstab Jg. 65, Heft 6, S. 516-521. Berlin 2012 b.

– Die Naturwissenschaften heute und in Zukunft. Gut für die Technik und schlecht für die Kultur? In Haccius, M. u. Rehn, G. E. (Hrsg.): Anthroposophische Perspektiven, S. 18 - 29. (Dumont Buchverlag) Köln 2012 c.

– Ich und Leib. Rundbrief der pädagogischen Sektion am Goetheanum, Sonderausgabe S. 4-22. Dornach 2012 d.

– Die Radioaktivität in physikalischer, biologischer, psychologischer und spiritueller Hinsicht. In Friedrich, G. (Hrsg.): Nukleare Prozesse – Bewußtseinsprozesse. Birnbach/Westerwald 2013 a.

– Alles Denken in Entwicklung ist christlich. In Meier, U. (Hrsg.): Christentum in Entwicklung. S. 44 - 70. (Urachhaus) Stuttgart 2013 b.

– Der periphere Blick. Die Vervollständigung der Aufklärung. Kap. 11. (V. Freies Geistesleben) Stuttgart 2014.

– Das Lehrgedicht Die Metamorphose der Pflanzen. In: Böhme, G. (Hrsg.): Über Goethes Lyrik, S. 125-145. (Aisthesis) Bielefeld 2015.

– Zeitbindung in Natur, Kultur und Geist. (V. Freies Geistesleben) Stuttgart 2016.

– Der Darwinismus im Rückblick und Vorblick. S. 58, 90, 94. (Freies Geistesleben) Stuttgart 2017.

Scheler, M.: Mensch und Geschichte. Schriften der Neuen Schweizer Rundschau S. 450 - 476. Zürich 1929.

Scherer, B.: Die Logik des Lokalen. Im Virus begegnen wir unserem Selbst und unserer Beziehung zur Natur. Aus den Fehlern des Anthropozäns sollten wir lernen. Frankfurter Allgemeine Zeitung, Nr. 100, S. N 2; 29.4.2020.

Schidlowski, M.: Evolution of photoautotrophy and early atmospheric oxygen levels. Precambrian Res. 20, S. 319 - 335. 1983.

Schmidt, H.: Weggefährten. Erinnerungen und Reflexionen. S. 343. (Siedler) Berlin 1996.

Schmidt, T.: Astronomie, Kosmologie, Evolution - Die Gesten-Sprache des Kosmos. S. 54, 271, 355 f., (V. Freies Geistesleben) Stuttgart 2004.

Schmutz, H.-U.: Die Tetraederstruktur der Erde, S. 25. (V. Freies Geistesleben) Stuttgart 1986.

Schrenk, F.: Die Frühzeit des Menschen. Der Weg zum Homo sapiens. (Beck V.) München 20085.

Senger, C.: Auswirkung biologisch-dynamisch präparierter Quarze auf Wachstum und Qualität verschiedener Kulturpflanzen. (Dissertation) Göttingen 1987.

Seyfried, H.: Ein Planet organisiert sich selbst. Wechselwirkungen, S. 70-105. Jahrbuch 2005, o.O. (?)

Shell-Euro Atlas 1:750 000. Stuttgart 1980.

Siever, R.: Einführung. In Kraatz, R. (Hrsg.): Die Dynamik der Erde. S. 18. (Spektrum der Wissenschaft) Heidelberg 1987.

Sigdell, J. E. In: Sökaren 6 / 1998, sid (?) (christian-reincarnation.com).

Smithson, T. R.: The Earliest Known Reptile. Nature 342, S. 676-678. 1989.

Stekelis, M.: Archaeological excavations at 'Ubeidiya 1960 - 1963. The Israel Academy of Science and Humanities. Jerusalem 1966.

Steiner, R.: GA = Gesamtausgabe. Siehe Gesamtverzeichnis Rudolf Steiner Verlag Dornach/Schweiz.

– Grundlinien einer Erkenntnistheorie der Goetheschen Weltanschauung (1886). GA 2, Kap.12 und 15 Ende. Dornach 20038.

– Theosophie. Kap. 2: Wiederverkörperung und Schicksal. (1904). GA 9. Dornach 2013.

– Die Geheimwissenschaft im Umriss (1910). Kap.4. GA 13. Dornach 201331.

– Anthroposophische Leitsätze. GA 26, S. 197 - 200: Was ist die Erde in Wirklichkeit im Makrokosmos. Dornach 201311.

– Metamorphosen des Seelenlebens. Pfade der Seelenerlebnisse. 9. Vortrag vom 9.12.1909. GA 58, S. 306 ff: Dornach 1984.

– Das christliche Mysterium. GA 97, S. 61, 166, 271ff. Dornach 19983.

– Das Johannesevangelium (16.05.1908). GA 103, S. 147. Dornach 199511.

– Ägyptische Mythen und Mysterien. GA 106, S. 116. Dornach 19925.

– Das esoterische Christentum und die geistige Führung der Menschheit. GA 130, S. 340. Dornach 19554.

– Die geistigen Wesenheiten in den Himmelskörpern und Naturreichen. GA 136 (3. - 14.4.1912, 3. Vortr.). Dornach 20097.

– Okkulte Untersuchungen über das Leben zwischen Tod und neuer Geburt.

GA 140, S. 140. Dornach 20035.

– Erfahrungen des Übersinnlichen. Die drei Wege der Seele zu Christus.
GA 143, S. 125 f.. Dornach 19944.

– Die Welt des Geistes und ihr Hereinragen in das physische Dasein.
GA 150, S. 70 ff. Vortrag vom 8.6.1913, Dornach 19802.

– Das Geheimnis des Todes. GA 159. Vortrag vom 15.6.1915, S. 301 ff. Dornach 20053.

– Wie kann die Menschheit den Christus wiederfinden? GA 187, S. 34. Dornach 19954.

– Anthroposophische Gemeinschaftsbildung.
Vortrag vom 6.2.1923, S. 46. GA 257. Dornach 1989.

– Die Weltgeschichte in anthroposophischer Beleuchtung (19.4.1924).
GA 233, S. 258. Dornach 19915.

– Mysterienstätten des Mittelalters. Rosenkreuzertum und modernes
Einweihungsprinzip (11.1.1924). GA 233a, 4. Vortrag. Dornach 20136.

– Konferenzen mit den Lehrern der Freien Waldorfschule in Stuttgart.
GA 300 II, S. 105. Dornach 19751.

– Vorträge und Kurse über christlich-religiöses Wirken II (2.10.1921). GA 343. Dornach 1993.

Stern-Magazin ‚Die Männer auf dem Mond", Nr. 33 vom 17.8.1969, S. 55-62. Hamburg 1969.

Stiller, N.: Albert Einstein. Leben und Werk, S. 76. (Cecilie Dressler) Hamburg 1981.

Strohbach, K.: Unser Planet Erde – Ursprung und Dynamik. (Bornträger) Stuttgart 1991.

Suchantke, A.: Natur in Israel und Palästina. In Suchantke, A., et al.: Mitte
der Erde. S 230 f.. (V. Freies Geistesleben) Stuttgart 19962.

Swimme, B.: Das verborgene Herz des Kosmos. Der Mensch im Einklang
mit dem Universum. (Claudius V.) München 1997.

Tempels, P.: Bantu-Philosophie. Ontologie und Ethik. (W. Roethe) Heidelberg 1956.

Thomas, G.: Der Clown tritt ab. FAZ Nr. 156, S.9, 8.7.2022

Troescher, G.: Dreikopfgottheit und Dreigesicht. Reallexikon zur
Deutschen Kunstgeschichte. Bd. IV, Sp. 501 - 512. 1955.

Valentin, A.: Das Drama Albert Einstein. (Günther) Stuttgart 1955.

Wegener, A.: Die Entstehung der Kontinente.
Petermanns Mitteilungen Jg. 58, S. 185-195, 253-256. 1912.

– Die Entstehung der Kontinente und Ozeane. (Vieweg) Braunschweig 1915.

Wehr, G.: Der Christus ist der Geist der Erde. (Die Pforte) Basel 1989.

Weigert, A. und Zimmermann, H.: abc Astronomie (W. Dausien) Hanau/Main 1974

Williams, H.: Kontinent der Wale, S. 9, Zweitausendeins Verlag, Frankfurt am Main 1988.

Wood, B.: Hominid revelations from Chad. Nature 418, 133 - 135, 11.7.2002.

Wurmbach, H.: Lehrbuch der Zoologie. Bd. 1 u. 2. (G.Fischer) Stuttgart 1968[2]